シリーズ 認知と文化

心と認知の情報学

ロボットをつくる・人間を知る

Mind and Cognitive Informatics

石川幹人

Ishikawa Masato

keiso shobo

はしがき

本書のタイトルは「心と認知の情報学」である。このタイトルは、「心」と「認知の情報学」とも読めるし、「心の情報学」と「認知の情報学」とも読める。じつは両方の意味をこめているのである。「心」の探究に向けて「認知の情報学」を起点に挑戦して行くという方向性と、「認知の情報学」が発展してやがて「心の情報学」として実を結んでいくという目標である。

すでに西垣通によって『こころの情報学』（ちくま新書、一九九九年）という包括的な啓蒙書が発刊されている。それに対し本書は、タイトルが示すように、「認知」に重きをおいて、半世紀ほどの歴史をもつ認知科学を基盤に、「情報」の観点から機械、生物、人間、社会、そして意識へと、研究が展開していく必然性をあぶり出して行く。

本論に入る前に「情報学」という概念を明確にしておこう。西垣（前掲書）によると、「情報」とは「それによって生物がパターンをつくりだすパターン」（三二頁）あるいは「生命の意味作用」（二二一頁）とされる。「パターン」とは、文字や絵などの表現であり、つきつめて考えれば「ものの配置」である。それが別のパターンをつくり出したり、意味作用をひきおこしたりするのであれば、「ものの配置を解釈する存在」が必要である。通常生命や生物が、その「解釈する存在」なのである。すなわち、「情報」についての研究（情報学）は、たんにパターンそれ自体や、パターンを運んだり蓄積したりする研究（ＩＴ研究や情報工学）にとどまらない。むしろパターンの解釈はどのように行われ、次のパターンは何を目的にしてどのように生成されるのか、という観点が重要なのである。パターンによってつなげられた「解釈する存在の集まり」の挙動は、さらに興味深い。こうして情報学は、解釈する存在の研究（生物学や心理学）と接続し、また、解釈する存在の集まりの研究（コミュニケーション学や社会学）と接続しながら、パターンを中心として連関するもろもろの事象を統合的に論じる「システムの研究」へと発展するのである。

本書では、心をもつ機械を、そしてロボットをつくろうという営みが必然的に、人間とはどういった存在かを明らかにしていく過程につながることを、具体的な研究事例から説得的に示していく。その過程には、人類がどのように生まれて来たかという生物学的な歴史の考察や、人間がなぜ集団を形成するかという人間同士の社会的な結びつきの考察が含まれる。それらの考察のなかから人間の心（意識）の役割をひき出し、あわせて将来の情報ネットワーク社会における意識のあり方を展望する。

第Ⅰ部では、心をもつ機械を製作しようという失敗つづきの試みから、われわれの心やわれわれ自身をとらえ直す。まず、実現目標となる心の概念が相対的かつ社会的性格をもつことを示し、達成目標が見方によって変化する実態を明らかにする。達成目標を小さく制限しても、そこには言語の状況性や知識の全体性などが立ちはだかり、機械的な実現がままならない。この問題の核心はコンピュータにおける「計算量の爆発」である。ところが人間は、ある種の大局観なるものを発揮することで、この問題にそこそこうまく対処しているようである。

近年の量子理論の発展により、あらたに量子コンピュータが提案されている。量子コンピュータを使えば、計算量の爆発をおこさずにすむ可能性がある。人間は量子コンピュータであると言えるのだろうか。もし量子理論を導入するならば、あらゆるものが一体化する世界や、観測者として物に働きかける心といった斬新な考え方を検討せねばならない。こうした考え方は、心じたいを世界から切り離して考えるのでなく、世界と一体となったものとして把握するように、検討目標の転換をうながす。第Ⅰ部全体を通して、人間のような心をもつ機械を製作するよりもさきに、人間や心を環境世界のなかで生態学的にとらえたり、進化の過程のなかで歴史的に位置づけたりすることが必要だという方向性を示す。

第Ⅱ部では、生物進化の歴史的検討や生態学的検討をとおして、意識がコミュニケーションにおける他者と自己とのインターフェースの役割を果たしていることをつきとめる。生物進化の階層分類にしたがって見ていくと、環境に適応して進化する生物は、神経系による学習機能を身につけたところで飛躍的に向上したと考えられる。哺乳類では、その神経系が脳というかたちで高度化し、外界モデルを内的に形成するようになった。人間においては、さらに大脳が形成されて複雑化し、多種多様な認知能力を身につけていった。その結果、遺伝子が大きく異なるヘテロな個体同士が協力して集団を築くようになったのである。そこでは、個体の利益と集団の利益の相反がおこったことで、利害調整が必要となったのだ。コミュニケーションの過程を通して、社会的な他者と自己との関係が要請されるところで、調整役としての意識が現れるのである。意識の部分性・統一性・主体性などの諸性質は、いずれもこの調整役を演じるためにある。

ところが意識は、一万年前の一五〇人までの集団用にデザインされたものであり、現代の大規模なコミュニケーションにはうまく適応できていない。最近の情報ネットワーク社会は、さらに意識の役割を軽視する方向へと向かうことで、社会的問題をひきおこしている。第Ⅱ部では最終的に、われわれには情報メディア技術を認知能力の向上に利用することで理想的なネットワークコミュニティを実現する道があるという、将来の展望を見いだしていくことにしたい。

心と認知の情報学

ロボットをつくる・人間を知る

目次

目　次

第Ⅰ部　心をもつ機械

第一章　認知科学の誕生
――心は構成できるか

物と心の分離

現在われわれが「心」と考えるものは、ある種の歴史的偶然によって生まれた、この時代に特有の概念かもしれない。まずは、歴史をひもといて、心の研究を物の研究と対比しながら、その変遷を追ってみよう。

一七世紀にデカルトは、今日われわれの多くが日常的にいだく「物と心の二元論的世界観」を提唱した。それまでは、心的なものが世界に広がっているとするアニミズム的な一元論的世界観が支配していたけれども、デカルトは「我あり」という確信のもとに、「心」を「個人の意識」としてとらえなおし、個人のうちに「軟禁」したのである。それによって近代における世界探究は、物の世界と心の世界がそれぞれ別々に展開するようになった。デカルトはまた「近代科学の祖」ともされるが、物をぎゃくに心から（そして神から）解放して機械的運動現象に帰着させ、それを客観的に探究する自然科学の地位を確立したからである。[1]

物の世界の探究が自然科学として発展したのに対し、心の世界の探究は困難を極めた。一九世紀後半にヴントが心理学実験室をライプチヒに設立し、心を探究する現代の心理学が幕を開ける。自然科学で培われた、経験的・実証的方法論を導入したのだが、その中心的手法である内観法は客観性を欠き、「実証」という面での十分な支持を集められずにいた。二〇世紀になると、行動主義心理学が登場する。[2] 内観法を放棄し、内的世界をとりあえず括弧に入れ、個体の外的な「行動」を見るようになる。行動は外界からの「刺激」とそれに対する「反応」、およびその対応関係の「経験的な学習」で説明できるとされた。学習による行動の変化は、人間よりもネズミやハトの実験によって的確に判明するとみられた。やがて行動の主体としての心の存在は忘れられ、心とは行動にほかならないとされるようになる。生物を機械仕掛けととらえる「唯物論（物質一元論）」の支配が始まるのである。

そもそも自然科学は、物の世界の探究として出発した。実証的方法論を用いて、物事に関する因果的法則的関係を導くことにより、自然科学は大きな成果をあげた。しかし、その実績をもとに心の世界へと進出してきたのは、ある種の「越権行為」[3]かもしれない。それがうまくいくならば、心の世界はなきに等しくなってしまう危険性がある。

心の地位の回復

では改めて「心」とは何だろうか。われわれは自分自身の心の存在をあたりまえのように思うが、それは何かと考えてみるとなかなか正確に言い当てるのは難しい。だがおおまかには、次の諸要素を含んだ複合概念のようだ。

①知的な行動の根源となるもの
②自覚し反省する自己意識や身体意識
③自由な意思決定や主体的判断
④新たなものを見いだす創造性や直観
⑤「について」という内容表示（志向性）
⑥痛みや赤さなどの感覚質（クオリア）

（1）歴史的詳細については、石川幹人・渡辺恒夫編『入門マインドサイエンスの思想――心の科学をめぐる現代哲学の論争』（新曜社、二〇〇四年）を参照されたい。この本は以下の注でたびたび参照するので『マインド』と略記する。

（2）行動主義心理学は、J・B・ワトソンによる一九一二年の行動主義宣言に端を発する。その後一九三〇年代には、B・F・スキナーがオペラント条件づけによる内発的な行動学習を定式化した。スキナーの業績は、人間行動の環境決定要因を強調するので、社会福祉を求める市民運動や心の健康を保つ行動療法の推進力となった。スキナー『人間と社会の省察――行動分析学の視点から』（岩本隆茂・佐藤香・長野幸治監訳、勁草書房、原著一九八七年・邦訳一九九六年）などを見よ。

（3）物の世界と心の世界の二元論は「心身二元論」と呼ばれるが、両方の世界のかかわり方を合理的に説明するのがきわめて難しい。この難問を哲学では心身問題というが、現代哲学の主流派では心身問題が発生しない唯物論の立場をとり、むしろ自然科学を擁護する方向にある。前掲『マインド』の「自然主義」の項目を見よ。

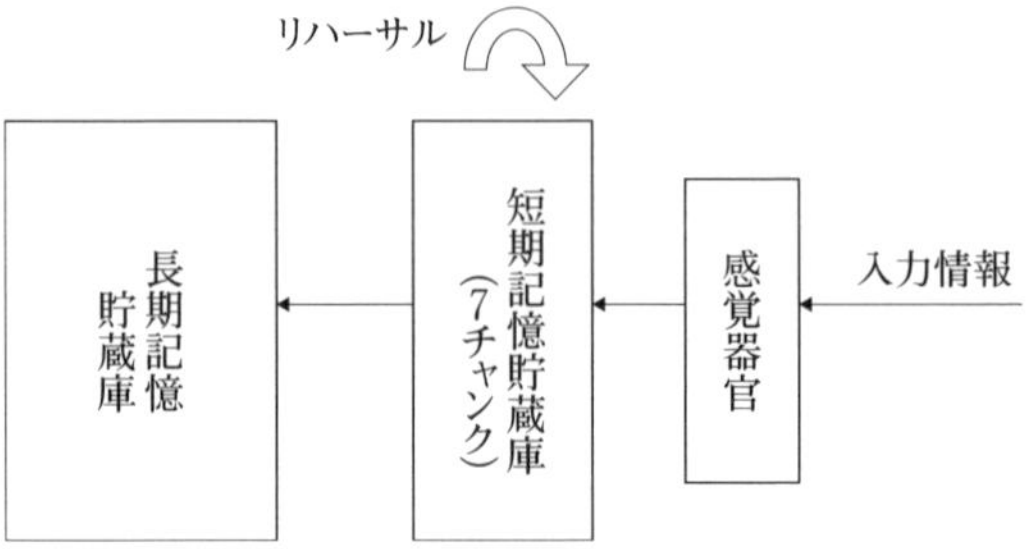

図1—1　記憶の貯蔵庫モデル

じつは、われわれの社会制度自体が、こうした心の存在を前提に形づくられている。たとえば、自由と責任を重んじる法律の体系は、自由意志をもつ主体に対して罪を帰属させ、罰を与える仕組みとなっている。われわれの心は幻想であり、人間は本来機械仕掛けであるとしたならば、人権擁護の理論的支えがなくなってしまうではないか。唯物論にはそうした危惧がつきまとうのである。

内的世界を無視した行動主義心理学は、一九五〇年代になると内的世界を重視する認知心理学（のちの認知科学）にとってかわられる。これにより、それまで十分に研究されてこなかった部分の、知覚・記憶・思考・言語の研究が大きく開花した。この大転換は、あまりにも劇的であったため「認知革命」と呼ばれる[4]。自分で内観的に自覚する知見を使うことなしに、あくまで行動を通してのみ心を論じねばならないという禁欲的態度が、研究者のフラストレーションをためたのだろう。

認知科学の大きな特徴は、当時発展し始めたコンピュータ技術および情報科学と手を結んだところにある。コンピュータがもつハードウェアとソフトウェアという二階層性に、唯物論を基盤にしながらも心の世界の独自性を認める余地があると考えられた。すなわち、情報処理装置として一定の性能をもつハードウェアであれば、それがシリコンチップからなる機械であろうが、細胞からなる脳であろうが、そのうえに一定の機能をもつソフトウェアを自由に構築することができる。その、ソフトウェアが実現する機能を「心」とみなそう、というのである。[5] われわれが呼ぶところの心を、すくなくとも行動主義よりはしっかりと、研究対象にできる。

認知科学の方法

研究方法論のうえでも認知科学は、「モデル研究」という新たな手法を提供した。心的状態を表す図式（モデル）を積極的に認め、そのモデルから知的な行動がいかに機能的に説明できるかをモデルの評価対象とした。評価の高いモデルを提案するのがよい研究なのである。

認知革命のきっかけのひとつともなった、ミラーの「マジカルナンバー7プラスマイナス2」を例にあげて説明しよう。ミラーの論文は、記憶の構造と機能に関する研究であり、記憶現象を短期記憶と長期記憶に分け、前者の貯蔵庫と後者の貯蔵庫が図1―1のような構成になっていると想定する。外的な刺激は、短期記憶の貯蔵庫にいったん入ったのちに長期記憶の貯蔵庫にわたされるが、短期記

（4）　認知革命について詳しくは、ハワード・ガードナー『認知革命――知の科学の誕生と展開』（佐伯胖・海保博之監訳、産業図書、原著一九八五年・邦訳一九八七年）を見よ。

（5）　この考え方を哲学分野では「機能主義」と呼んでいる。前掲『マインド』一五八ページを見よ。しかし、物と心を分けてとらえる哲学的問題を、機能主義が必ずしもすべて回避・解消できているわけではない。

憶の貯蔵庫には、記憶の容量と貯蔵時間の制限があるという。短期記憶の制限はおおよそ7単位であり、それ以上の情報は格納できない。また短期記憶の情報は即座に失われるので、長期記憶に移されるまでは再確認（リハーサル）が必要である。ミラーは、この記憶のまとまりの単位をチャンクと呼び、短期的な記憶現象の実験結果をうまく説明できることを示した。(6)

モデルの良し悪しを評価する有力な方法のひとつに、コンピュータへの実装がある。モデルにもとづいてプログラム（ソフトウェア）を作成し、コンピュータへ組み込んで動作させる。そのコンピュータの実際の挙動（応答内容や速度）が人間の行動と類似していたら、そのモデルは妥当とみなされる。モデルにもとづいて実物をつくりあげて（構成して）正当性を示す、きわめて実証性の高い方法である。(7)

人工知能の開発

心のモデルを構成的に実証できるとすれば、究極には人間の心とされるものをすべてコンピュータへと実装し、人間と見誤るほどの思考や判断能力をもった機械ができるのではないか。そうした発想にもとづく工学的開発目標を「人工知能」という。アラン・チューリングは一九五〇年、「計算機械と知能」という論文のなかで、どのような場合に人工知能が完成したとみなしてよいかの基準として「模倣ゲーム」を提唱した。(8)

模倣ゲームは、男性（A）と女性（B）、それに別室の彼らとは無関係な質問者の三人で行われる。

質問者は、別室にいる二人のうちどちらが女性であるかを、タイプライターを介した会話で確定する。女性は女性らしくふつうにふるまうが、男性は可能な限り女性を模倣してよい。[9] 一定時間後の質問者の判定がどの程度誤るかが、いかに男性が女性を模倣できたかの指標になる。このゲームでAをコンピュータ、Bを人間にするとよいというのが、のちにチューリングテストと呼ばれるようになる、人工知能の達成度基準である。

チューリングは同論文で、五〇年もたてばこの基準をパスするコンピュータが現れるだろうと楽観

(6) チャンクは、長期記憶へのインデックス（索引）の役割をするようであり、情報を短期的に多く貯蔵するためには、事前にそれらを固まり（チャンク）化しておくとよい。ジョージ・ミラー『心理学への情報科学的アプローチ』（高田洋一郎訳、培風館、原著一九六七年・邦訳一九七二年）の第二章を見よ。

(7) しかし、あまりモデルばかりが先行するのも問題がある。特定のモデルにもとづいて人間行動を見るようになれば、そのモデルに合致した側面ばかりが強調されたデータが収集され、循環的にモデルの正当性が確証されつづけてしまう。科学哲学者のカール・ポパーは、理論やモデルには、確証よりも反証可能性が必要であると主張した。すなわち、モデルが正しいとするとこれこれの事態は起こらないはずだという、データによる反証の可能性が示されているのがよいモデルである。どんな事態が起きても説明がつくような「万能理論」は、予測ができないので役に立たない。ポパー『科学的発見の論理』（大内義一・森博訳、恒星社厚生閣、原著一九三四年・邦訳一九七一年）を見よ。

(8) このチューリングの論文は、デネット&ホフスタッター編『マインズ・アイ――コンピュータの時代の「心」と「私」』（坂本百大監訳、土屋俊ほか訳、TBSブリタニカ、原著一九八一年・邦訳一九八三年）の第四章に収録されている。

(9) 模倣ゲームに「男性が女性を模倣する」という構図をもちこんだところには、チューリングのこだわりがみられる。彼はこの論文発表の二年後、同性愛者として有罪判決を受け、さらに二年後には四一歳で自殺したのである。西垣通『デジタル・ナルシス――情報科学パイオニアたちの欲望』（岩波書店、一九九一年）を見よ。

的予測をしていたが、その期限（二〇〇〇年）をすでに過ぎた今日、人工知能の開発はどのような状況にあるのか。端的に言って、パスの兆しはあったが、依然としてNOなのだ。

基準パスの兆しとは、ワイゼンバウムが開発した対話システム「イライザ」の成功である。彼は、次のような原則からなる応答プログラムを作成して、イライザに装備したのである。

一、入力文の主語の「私」を「あなた」に変えて疑問文を返す。
二、相槌を打つような言葉を複数用意しておき、そこから選んで返す。
三、入力文から未知の単語を抽出して、それに関して質問を返す。
四、話題を変える文章を複数用意しておき、行き詰まったらそこから選んで返す。

イライザの対話効果は絶大であった。精神的にふさぎこんでいる人々がイライザと対話することで「癒された」のである。なかには非常にプライベートな事柄をイライザに向かって打ち明ける者も現れた。問題を感じたワイゼンバウムは、イライザは単なる機械であるとふれ回ったという(10)。

イライザが必ずしもチューリングテストをパスしたとみなせない大きな理由は、質問者が、チューリングが規定したような「教養のある平均的な人間」ではなかったからである。そうした質問者であれば、イライザはすぐにボロを出したであろう。しっかりした企画のチューリングテストは、アメリカでレブナー賞競技会というかたちで定期的に行われている。人間とコンピュータが混在した相手とそれぞれ文字によるコミュニケーションを行い、どの対話相手が人間らしいか順位づけをする。コンピュータにハンデを与えるために、話題領域を限定する（レフェリーが監視していて領域を外れた違反質問をやめさせる）のだが、複数の質問者で統計的に評価した結果、コンピュータが上位にランクされることはまずないのが現状である（一部の人間がかなり下位にランクされることはよくある）。

心の人称分類

人工知能の達成度をチューリングテストで判定すると、質問者と質問内容によって変わってしまうので、はたしてそんな基準でよいのだろうかという疑問が残る。これについて考える材料として、次の「知魚楽」の故事を吟味してみよう。(11)

荘子があるとき恵子と堀の橋のあたりを散歩した。荘子が「白魚がのんびり泳いでいるが、これこそ魚の楽しみだね」と言うと詭弁家の恵子は「君は魚ではないのに、どうして魚の楽しみがわかろうか」と切りこんできた。荘子も負けずに「君は僕ではないのだから、どうして僕に魚の楽しみ

(10)　詳しくは、ジョセフ・ワイゼンバウム『コンピュータ・パワー――人工知能と人間の理性』（秋葉忠則訳、サイマル出版会、原著一九七六年・邦訳一九七九年）を見よ。

(11)　この邦訳は阿部吉雄『荘子』（明徳出版社、一九六八年）をもとに、文体を一部改変した。なお、「知魚楽」の故事は、筆者の高校生時代に国語の教科書のひとつに採録されていた。

がわからないことがわかろうか」と言うと、さすがは恵子「僕は君ではないのだから、もちろん君のことはわかりはしない。しかし君だって魚ではないのであるから、君の魚の楽しみがわからないことは決定的だ」と切りかえした。荘子は話がごたごたしてきたので、最後の断案を下して言った。「どうか根本のところに立ちかえって考えてみよう。君はいま僕に、どうして魚の楽しみがわかるものかと言ったが、それはもはや僕が魚の楽しみを知っていることがわかったからこそ質問したのだ。それと同じように僕はあの橋の上で魚の楽しみを知ったのだ」。（『荘子』外篇（秋水篇））

ここで問題となっているのは、楽しみという感覚質（クオリア）である。荘子も恵子も楽しさについて議論しているので、みずからの楽しみを認識していて、かつたがいに相手の楽しみについて理解できることを認めているようである。争点は魚の楽しみである。恵子は、魚の行動を傍観していてもその楽しみはわかるはずもないと主張するが、荘子は、自分と魚の関係を自分と恵子の関係になぞらえて、魚の楽しみの理解が可能であると主張している。楽しみとはひとつの心の働きであるとすれば、問題は心のとらえ方の違いとみることができる。

心という概念は、そのとらえ方によって大きく分けられ、一人称の心、二人称の心、三人称の心がある。(12) 一人称の心とは、自分自身の心であり、内観によって直接感じとれる心である。二人称の心とは、交流相手の心であり、コミュニケーションをとおして相手に実感できる心である。三人称の心とは、見知らぬ他人の心であり、傍観者的な観察によって見いだされる心である。心を研究せよとなったら、部屋にひとり静かにこもり自分自身をふりかえる者は、心を一人称的にとらえており、社交場や臨床のフィールドに出て行って話しあいながら相手の心を研究しようとする者は、心を二人称的にとらえている。また、街行く人々を気づかれないようにビデオにとって、人間の行動を数量的に解析しようとする者は、心を三人称的にとらえていると言えよう。

この心の人称分類にもとづけば、「知魚楽」は次のように解釈できる。恵子は魚の心を三人称的にとらえて「心と認めがたい」と主張する。一方の荘子はそれを見透かして、心を三人称的にとらえてしまえば、われわれのコミュニケーション自体がなりたたなくなるおそれがある。コミュニケーションのなかで二人称的心を認めるのであれば、私と魚の間での二人称的心の理解をことさら否定する必要はないではないか、となるのだ。

心の評価の社会性・相対性

さて心の概念が整理できたところで、チューリングテストに戻ろう。人称分類によると、チューリングテストで評価する人間らしさとは、対話をとおして相手の位置に感じとる二人称的心である。二

(12)　心の人称分類は渡辺恒夫が詳しく議論している。心理学の混乱のいったんは、「研究対象としての心」が研究分野によって異なるからだという。前掲『マインド』の六ページを見よ。また、社会における死の取り扱いにも同様な問題が現れている。自分の死（一人称）、家族や友人の死（二人称）、医学・生物学的な死（三人称）が混同して議論されることが、脳死や臓器移植、尊厳死の問題を複雑にしている。

人称の評価は、荘子と恵子で見解が異なるように、評価者に依存する相対的な特徴をもつ。しかし、「イライザでは人工知能とは言えない」などと、社会的に平均的とされる質問者を想定し、ある程度一定の評価を与えることができる。

自然科学の実証的方法論を重視した行動主義心理学は、客観性の観点から、三人称的な心の見方を重視した。ところが、心の概念はまだ客観化されていない。そもそも心の概念はきわめて主観的であり、客観化（三人称化）できないものなのかもしれない。先にあげた心の諸要素は、一人称的に自分で認知するか、交流相手がそれを有していると二人称的に認知するしかないのである。それでも心をむりやり客観視したので、行動が心であるという、われわれの概念把握の実態とかなりちがった解釈に至ってしまったのだ。[13]

その点認知科学は、研究者が自分の内観に照らして、また被験者が語る内観をもとに、モデルをつくりあげることができる。[14] われわれが心のすべてを内観できるわけではまったくないが、すくなくとも一人称的な心を探究する者が、部分的にでも参加できる枠組みであることは魅力である。このように認知科学では、モデルの解釈の段階で一人称的な心の見方が加味されるといえる。

けれども、認知科学における実証評価の中核は、チューリングテストによる二人称的な心の見方である。対話によって相手の心を「観る」のである。とかくこうした共感的理解は、正当性が疑問視される。この疑問の出所は、自分の心の存在は自分が「絶対的に」自覚しているのに対し、共感的理解は人によって相対的で、「誤る」ことがありそうだという感じだろう。しかし一方で、心ある私と対話する相手が、私の心の存在を疑うことはあまりないだろう。共感的理解に信をおくのは一抹の不安が伴うが、こと心にかんするかぎり、これを出発点とするしかなく、またそれで十分である可能性もあるのだ。(15)

まとめ

デカルトによって心から切り離された物の探究は、経験的・実証的方法論を確立し、自然科学とし

(13)　人間らしい行動をとっても心をもたないゾンビを想定できてしまうというのが、行動主義への直感的な反論である。デイヴィッド・チャーマーズ『意識する心――脳と精神の根本理論を求めて』(林一訳、白揚社、原著一九九六年・邦訳二〇〇一年)の一二八ページ「ゾンビの論理的可能性」を見よ。ただチャーマーズの反論は、広く機能主義(認知科学の哲学的基盤)にまでも向けられていることは注意を要する。

(14)　この方法論は、認知科学を擁護する哲学者ダニエル・デネットによって「ヘテロ現象学」と命名されている。デネット『解明される意識』(山口泰司訳、青土社、原著一九九一年・邦訳一九九八年)を見よ。彼のスタンスは、意識の現象面(一人称的側面)をそれほど問題にしない点で、右のチャーマーズとは対照的である。

(15)　となると、「本当に」魚に心があるかどうかは、魚と人間とのあいだに一定のコミュニケーションが成立したのちに判定される。だが、異種間のコミュニケーションは手段のうえでの問題を伴う。コミュニケーションが生物種内に限定されている場合、心の概念は種に相対的であるとも言える。「心」、つまり「人間のような心」を魚がもっているかどうかは魚愛好家の意見をよく聞いて、社会的に判断すればよい。最近ペットを飼うのが一般化しているが、犬や猫は心をもつと判断されつつあるのかもしれない。また一方で、動物の心など(ひいては他者の心なども)けっしてわかりえないという議論もある。トマス・ネーゲル『コウモリであるとはどのようなことか』(永井均訳、勁草書房、原著一九七九年・邦訳一九八九年)を見よ。

て発展する。二〇世紀になると、その方法論をもとに、自然科学が心の探究にのりだす。客観化にこだわった行動主義心理学が一世を風靡したが、それにかわって登場した認知科学が、今日まで一定の評価のもとに続いている。心とはきわめて主観的な諸要素の複合概念であるため、三人称的な把握が難しい。そこで認知科学は、モデルを構築する部分で一人称的な心の見方を反映したうえで、コンピュータに実装してモデルの実効性を確かめる段階では、二人称的な心の見方にもとづいて評価がなされる（チューリングテスト）(16)。認知科学の目指す「心の構成」は必ずしも成功していないが、そのアプローチをとおして、心の概念がきわめて相対的・社会的性格をもつことが再確認された。

(16)　本章および次章に記述したチューリングの一連の成果を詳しく学ぶには、星野力『甦るチューリング――コンピュータ科学に残された夢』（NTT出版、二〇〇二年）がよい。

第二章　対話するコンピュータ
——言語は論理的か

チューリングマシン

前章では、チューリングテストという人工知能達成の評価基準を、現代のコンピュータの技術開発がクリアしていないと述べた。本章では、その理由を掘り下げて考えてみる。

チューリングテストを提案したアラン・チューリングは、それにさかのぼる一九三六年に発表した論文「計算できる数」で、コンピュータの原理ともいえるチューリングマシンの概念を提唱している。チューリングマシンとは、図2—1（次頁）のように、文字を一列に書きこめる非常に長いテープと、テープ上を左右に移動してその文字をひとつずつ読みとっては、それを消したり新たに書きこんだりできる装置からなる。装置の内部には「状態」があり、いま「P状態にある」とか「Q状態にある」とか決められる。また装置には機能表が格納されており、その表には「P状態にあるときに文字Aを読みとったら、右に移動してそこに文字Bを書きこんで、Q状態に変化する」などの機能的な命令が

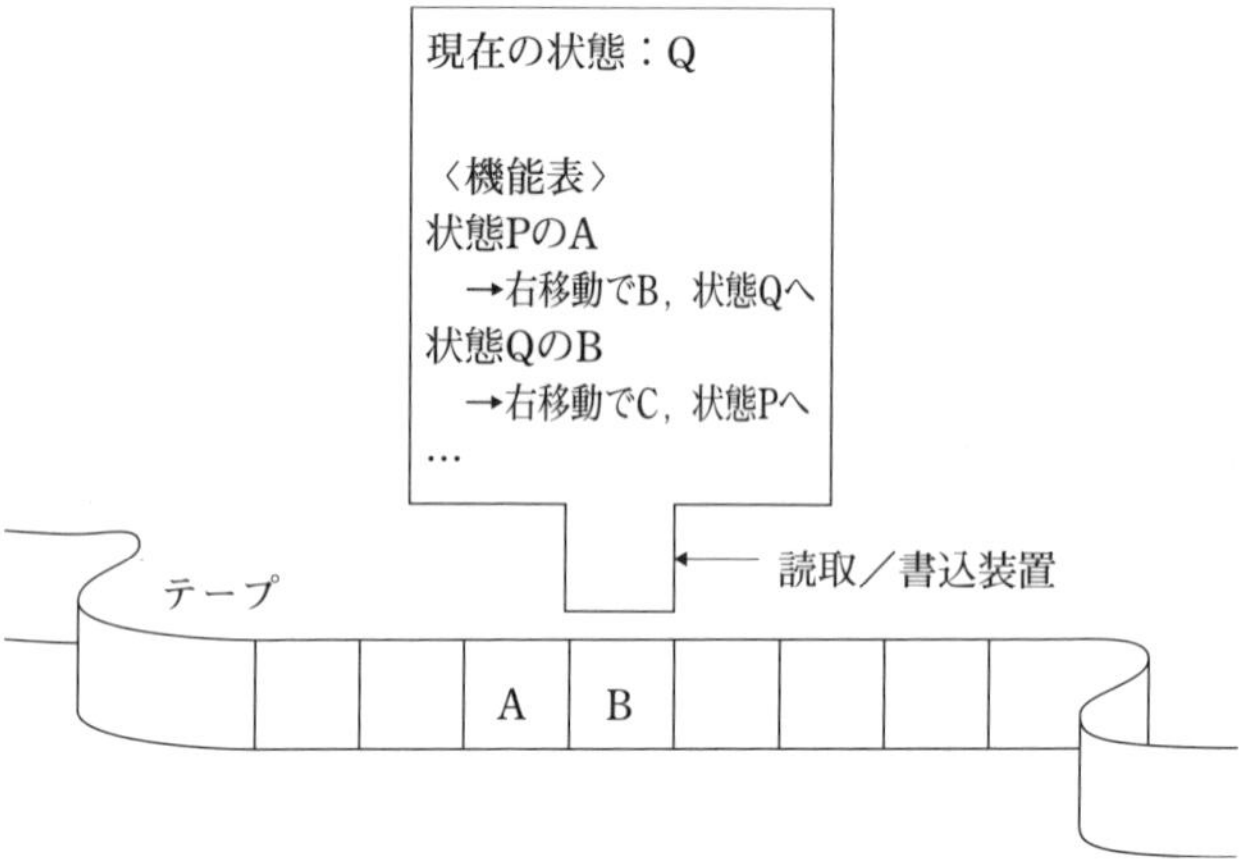

図2—1　チューリングマシン

多数列挙されている。課題はテープ上の文字列として与えられ、そのテープ上を装置が、内部の機能表にしたがって文字を書きかえながら移動し、停止するとテープに解答となる文字列が残される。[1] 機能表が今日のプログラムに相当し、テープによって与えられたデータが情報処理され解答が出力される（テープの書きかえがなされる）。

チューリングマシンは単純な仕組みなのだが、画期的なアイデアだった。というのは、論理学における形式的推論がもれなくチューリングマシンによって実現できるという「万能性」が証明されたからである。このアイデアにより、論理学における一連の理論的成果が、文字の書きかえ、つまり「計算」というかたちで工学的に実現できると結論された。[2] こうしてチューリングマシンは、コンピュータの基本構成を提示するとともに、コンピュータ上の計算で人間の思考が実現できるにちがいないという、人工知能の主流になる考え方を与えた。

記号論理学と表象計算

チューリングマシンが計算として実現する論理的推論、そして論理学の体系の研究には、古くはアリストテレスまでさかのぼれる伝統がある。しかし注目されたのは、二〇世紀になってラッセルらが記号論理学のかたちで整備し、さらにカルナップらが、論理実証主義と呼ばれる方法論の基盤にそれをすえたからである。論理実証主義では、経験的証拠とそれらから論理的に正当化される体系で万物を表現することが、科学の究極の目標であるとされた。(3)

論理的推論規則は、たとえば次のように表記できる。

A, B → C（解釈＝「Aであり、かつBであることがわかっているならば、Cである」）

ここで、A、B、Cには、それぞれ真偽をうんぬんできる文（「命題」と呼ばれる）が代入される。

(1) チューリングマシンの状態遷移関係と出力文字を図式的に表したものをオートマトン（自動人形）と呼ぶ。チューリングマシンを一方向にのみ移動させ、出力文字を外に出すように限定したものに相当する（後述の人工言語を参照）。

(2)「計算」というと数の四則演算を思いだしがちだが、演算も形式的に考えれば、規則にのっとった数字の「書きかえ」である。たとえば「2＋3」を「5」に書きかえる。すなわち、計算の一般概念は「規則にしたがった文字の書きかえ」と考えられる。

(3) 論理学が心の探究にいかに寄与するかの詳細な議論については、アンドレ・クークラ『理論心理学の方法──論理・哲学的アプローチ』（羽生義正編訳、北大路書房、原著二〇〇一年・邦訳二〇〇五年）を参照されたい。

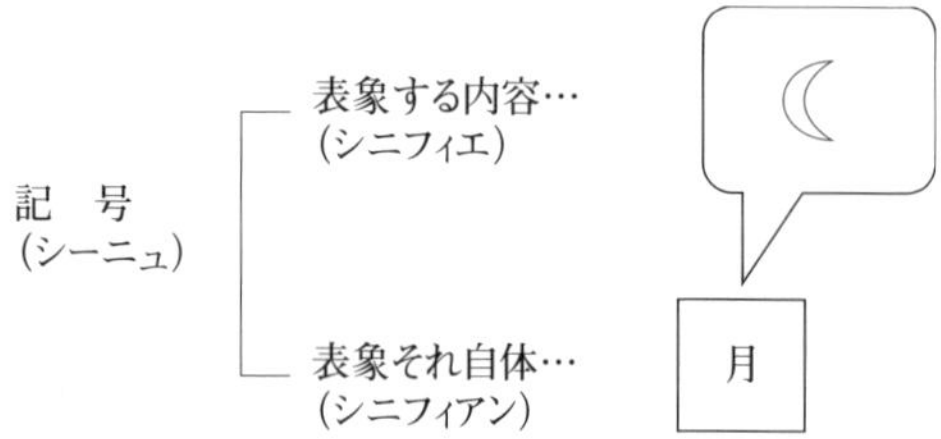

図2―2　記号の構造

たとえば、Aに「アリストテレスは人間である」、Bに「人間は死ぬ」が入るときに、Cにて「アリストテレスは死ぬ」と結論できる、とする種類の推論を「演繹的規則」という。演繹的規則はAとBが正しいときには、Cは必ず正しい。また、Aに「アリストテレスは死ぬ」、Bに「人間は死ぬ」が入るときに、Cにて「アリストテレスは人間である」と結論できる、とする種類の推論を「帰納的推論」という。帰納的推論はAとBが正しいときでも、Cは必ずしも正しくない（アリストテレスが犬の名前であるときは当然ながらCは成立しない）が、妥当な推測を提供することも多い。記号論理学では、推論を形式化することにより、演繹的規則などの論理的に正しい規則を適用することで、真である命題から他の未知なる真の命題を導く一般的手続きを明示した。

人工知能では、人間の思考とは命題表現への論理的推論規則の適用である、としてモデル化される。このモデル化では、記号の表象自体にのみ着目して計算するだけで、思考の実現にはこと足りるとされている。言語学者フェルディナン・ド・ソシュールによると、記号（シーニュ＝英語の「サイン」に相当するフランス語）はコインの表裏のように、表象それ自体（シニフィアン＝「意味するもの」の意）と、表象する内容（シニフィエ＝「意味されるもの」の意）との組からなると解釈される。たとえば図2―2のように、「月」という記号は、「つき」と読まれる文字表象によって「地球の周りを回っているあの天体」を表す働きをする。図の「三日月の絵」は、月の「意味」を表現したつもりなのだが、小さなスペースに意味を書きつくせないので、これは苦肉の策である。

さて、論理的推論規則の適用では、「月」を「地球の周りを回っている天体」と書きかえたり、「夜に天空に現れる発光円であるが、日によって満ち欠けする」と書きかえたりすることで、所定の機能を実現する。人工知能における表象内容は、その表象の説明に相当するもろもろの文や文字を書きかえのために準備することで、機械のなかに表現される。すなわち、人工知能における意味とは、文字と文字との関係性に帰着されている。(4)

言語の形式化と普遍文法

コンピュータは論理的な命題表現を計算操作できるが、このような、人工知能の研究やコンピュータの高速動作のために設計された言語を「人工言語」という。それに対して、人間が自然な状況で話したり書いたりする言語を「自然言語」という。論理学にもとづいた人工言語が高度な機能をもつと

(4)　はたして文字同士の関係だけでよいのか、という疑問にかられる。「月」の意味するところとは、夜に空を見上げて見える「あの天体」であって、説明のための「文字の集まり」ではないと思われる。この疑問への対応には二段階がある。まず、表象に文字だけでなく「画像イメージ」を含めたほうがよいとする、人工知能の考え方の拡張が試みられた（後述の結合主義）。それでもなお、表象を操作するだけでは、「実感的な意味内容」が伴わないという批判が議論を呼んでいる（たとえば後述の「中国語の部屋」）。

すれば、自然言語も人工言語の変形としてとらえるのが便利かもしれない。こうした発想にもとづいて自然言語の形式的分析を試みたのが、ノーム・チョムスキーである。[5] 彼は一九五七年の『文法の構造』を皮切りに、構文解釈の機構からみた自然言語の研究を始める。論理学において推論規則の適用をとおして命題の真偽をあぶりだしていく過程と、人間が文字列をたどっていきながら主語・動詞・修飾語といった構文要素を同定して「正しい文」を認識する過程を、重ね合わせて考察したのである。われわれの自然言語の構文解釈機構・文生成機構は、論理的操作がコンピュータによって実現されるのと同様に、形式的にモデル化できると示された。

チョムスキーの成果は認知革命を支える大きな柱のひとつであった。行動主義では、言語の習得は刺激と反応のパターンの累積で学ばれるとされていた。幼児は、正しい文を耳にしたのちに、それを構成する単語を入れ替えて、別な文を発話する。その文が正しければ奨励され、誤っていたら訂正される。それをくり返すことで、使用言語の正しい文法が習得されると信じられていた。ところが、自然言語の文法はそうしたパターンの累積では獲得できないほどの複雑さをもっていること、[6] 子どもがそれまでにとうてい経験したとは思われない奇妙な文の正誤を的確に判断できることなどから、行動主義の行きづまりを明確なかたちで露呈させたのである。

チョムスキーによると、われわれは生まれながらに自然言語の構文を解釈・生成できる「文法モジュール」をもっているし、あらゆる自然言語はそのモジュールに対応した「普遍文法」を基盤としている。日本語と英語のようにかなり異なる言語でさえも、共通の普遍文法から（わずかな？）変形が加わって「個別文法」を生成しているにすぎないのであり、だからこそ双方の言語をともに身につけられるのだという(7)。

機械翻訳と多義性の解消

普遍文法の理論が現実味を帯びたところで、人工知能の開発はより実用的な目標を掲げることになる。機械による自動翻訳の実現である。ある言語の文章が入力されたら、それを解析して普遍文法に表現し、それにもとづいて別な個別文法の言語を生成できれば、結果としてどの言語間でも相互に翻訳が可能となる。これが実現可能ならば、経済的な価値は計り知れない。国際的なコミュニケーションにおける言語の壁は依然として高く、われわれが語学を学ぶのに費やす努力もきわめて大きいから

(5)　情報工学出身のチョムスキーは、言語の構造的研究という新分野を開拓して言語学を刷新し、チョムスキアンという大派閥を形成するに至った。高齢になった今では、アメリカの外交政策批判や平和運動を精力的に展開しており、社会一般ではむしろそちらのほうで名が知られている。

(6)　人工言語の文解析・生成メカニズムはオートマトンによって形式化できるので、その言語がもつ文法の複雑さは、その複雑さの水準によって数学的に評価できる。たとえばホップクロフト&ウルマン『言語理論とオートマトン』(野崎昭弘・木村泉訳、サイエンス社、原著一九六九年・邦訳一九七一年)を見よ。

(7)　チョムスキー『生成文法の企て』(福井直樹・辻子美保子訳、岩波書店、原著一九八二年・邦訳二〇〇三年)などを見よ。言語使用を経験から帰納的にとらえるよりも、言語構造から演繹的にとらえることを重視するチョムスキーの方法は、「デカルト派言語学」とも呼ばれた。デカルトが物から心を排斥して物の研究を促進したのと同様に、チョムスキーは言語から人間的な意味を排除して言語学を推進したとも解釈できる。

である。一九八〇年代には日本をはじめとして、世界中のコンピュータメーカーが機械翻訳に向けてしのぎを削り、巨額の研究費が投じられた。だがこの試みは、言語の研究に多大の発展をもたらしたものの、実利的な成果にはあまり結びつかなかった。

普遍文法による機械翻訳のもくろみは、原文章の構文を解釈して文法構造を抽出し、原言語の単語を相手先言語の単語に入れかえ、相手先言語の文法にしたがって組み合わせて文生成するのである。このもくろみに対して立ちはだかったのは、言語の多義性である。たとえば、日本語の「足」は、英語では意味の異なるfootあるいはlegに相当し、場合分けが必要である。「足が出る」などというときの「足」は、ときには「お金」の意味である。また、日本語の「湯」は、英語に相当する単語がない。だからhot waterなどとせざるをえない。日本語から英語にする場合はまだいいが、英語から日本語にするときには、最初のhot waterを「湯」にしたあとでwaterが出てくると、「水」とすればよいのか「湯」とすればよいのか区別がつかない。hot waterの省略形ならばwaterは依然として「湯」を表しているが、放置されて時間が経過したら「水」を表している。このように単語の意味は多岐にわたり、言語によってその意味は少なからず異なっている。(8)

では言語の使用において、この多義性はいかにして解消されているのか。われわれは、単語に多数の意味があることを、ふだんそれほどは意識していない。意表をついた駄洒落を耳にするときに、むしろ多義性に気づかされるほどである。じつは言語が使用されるところの状況や、書かれたところの前後の文脈が、単語の意味の同定に貢献しているのである。「私はキツネ」という発話は、学芸会の

舞台上でなされれば「キツネの役」を意味するし、そば屋でなされれば「キツネそば」という注文を意味する。(9)

人工知能に多義性の解消をさせるひとつの方法は、スキーマの設定を行うことである。(10)「キツネ」に対して「キツネの役を演じている」と「キツネそばを注文している」という、ふたつの関係する命題が存在する場合、あらかじめスキーマという選択基準を設定しておく。つまり「舞台スキーマ」が有効なときは前者の命題が選択されやすく、「そば屋スキーマ」が有効なときは後者の命題が選択されやすくしておく。そして、「私はキツネ」という文の解釈に至る前に現れる文を手がかりに、この状況は「舞台スキーマ」が有効か「そば屋スキーマ」が有効か、が明瞭になるように事前に準備する

(8) フェルディナン・ド・ソシュールは「言語の恣意性」と称して、言語の表象自体と内容のあいだになんら合理的な結びつきがないと指摘した。その結びつきは歴史的には偶然であるが、いったん結びつくとコミュニティ内において必然的とも見える強制力をもつのである。ソシュール『言語学序説』(山内貴美夫訳、勁草書房、原著一九〇九年・邦訳一九七一年)などを見よ。

(9) 単語には意味の多義性だけでなく、品詞などの用法の多義性がある。それが構文解釈の多義性をもたらすことがあり、翻訳の困難さを助長している。よく知られた例では、Time flies like an arrow. という有名なことわざ「光陰矢のごとし」は、「時蝿は矢を好む」とも、文法的には正しく構文解釈できる。

(10) スキーマは言語学者ロジャー・シャンクによって提唱された手法である。シャンク『ダイナミック・メモリ』(黒川利明・黒川容子訳、近代科学社、原著一九八二年・邦訳一九八八年)を見よ。しかし、他の認知科学者によっても、ほぼ同様な対処の提案が相次いでなされた。ラメルハートによるスクリプトや、ミンスキーによるフレーム(後述のフレーム問題とは別ものである)などがある。

のである。

しかし、状況や文脈というものは、きわめてとらえどころのないものである。スキーマがどの範囲で有効になればよいのかを決める手立てがない。いっけん単純に、そば屋にいるときは「そば屋スキーマ」を有効にすればよさそうだ。けれども、そば屋で学芸会の打ち合わせをしていたら問題だ。まして食事の注文もすんでいたとしたらなおさらだ。このままではあらゆる状況を想定して準備しておかねばならない。いったい機械をどのように働かせれば自動翻訳ができるのだろうか。(11) 一九九〇年代に入ると機械翻訳研究プロジェクトはつぎつぎと縮小・廃止に追いこまれた。

言語行為の社会的状況

言語の理解には多義性のある単語の意味を、状況や文脈に応じて同定する必要がある。工学的にはそれがきわめて難しい。機械翻訳研究の途上で明確になったこの問題点が、いまだにチューリングテストをクリアするコンピュータが実現しない核心的理由である。

機械翻訳はまだ文書などの書き言葉が中心であるが、対話などの話し言葉が中心になる場面では、状況の問題はさらに深刻になる。文書では、ある程度不特定多数を読み手に想定するので、記述が説明調になっており、状況を把握する手がかりが文章中に存在する。それに対して対話は、もともと特定の話者間で行われるものであり、状況が話者に対して相対的であり、話される文中にはその手がかりすらもない場合も多い。(12)

たとえば、「オナカガスイタ」という発話は、いつも食事を作ってもらう人が述べれば「食事を作って欲しい」という依頼であるが、食事を作る人が述べれば「外食しよう」という誘いである。長時間の会議中に述べられれば、会議終了の提案である。発話というのは、字句通りの意味の背後に話し手の意図が隠れており、聞き手はその意図をおしはかる。意図の伝達が達成されることが言語行為のひとつの目的である。(13) ところが、意図伝達がかえって裏目に出ることもある。貼り紙を掲示することも広義の言語行為であろうが、「立入禁止」という貼り紙をすると、かえってそこに「入れる」ことを示してしまう。なぜなら、そもそも「入れない」ところに貼り紙をするはずがないのであるから、

(11) 言語の多義性が問題で機械翻訳ができないと聞くと、自然言語自体を多義性のないものに変更したほうが簡単だ、と思うかもしれない。しかし、それは誤りである。あらゆる概念や物体にどれも異なる名前がついていたのではかなわない。落語の寿限無のような長大な名前を日常的に使わねばならない。そもそもそんな長大な名前は覚えられないので、誰も言語の習得ができなくなってしまうだろう。

(12) 日本の機械翻訳研究プロジェクトで、ブームの後半（一九八六年）に始まり比較的長く続いたものにNTT系の自動翻訳電話研究所があった。話し言葉を翻訳しながら通話（国際電話）を成り立たせようというものであり、翻訳に伴う言語の意味内容の特定問題から始まり、不特定話者の意図抽出の問題、音声認識の不確実性に伴うエラー訂正の問題、そして対話の間という短い時間に計算を終わらせるという実時間性の問題まで、難問を詰めこんだ挑戦的プロジェクトであった。

(13) ときには、意図は発話内容よりもボディランゲージに顕著に現れる。発話内容に関する自信や信頼性は表情に現れるし、思い入れや強調したい気持ちは姿勢に現れる。グレゴリー・ベイトソンは、発話内容とボディランゲージが矛盾する事態を「ダブルバインド」と呼び、統合失調症の原因のひとつになる可能性を指摘した。ベイトソン『精神の生態学』（佐藤良明・高橋和久訳、思索社、原著一九七二年・邦訳一九八七年）を見よ。

貼り紙をする以上、「入られて困っている」か「入られたら困る」という事情があるのだ。「立入禁止」は、物理的に入れるが制度的に入れないことを宣言するので、制度に従わない泥棒にとっては「金目の物がありそう」という格好の情報を与えてしまう。

コミュニケーションにおいては、話し手と聞き手の両者が了解している（少なくとも了解が想定される）細部が、しばしば省略される。また逆に、省略しないことで特別な意図を伝えることもできる。スペルベルらは、個人にとって情報の認知的意義が大きく、認知的処理の手間が小さい情報は「関連性（レレヴァンス）」が高いと考えた。[14]すると、認知的理解は関連性の最大化に向けて動作すること（認知原理）、伝達される情報は最適な関連性を備えていることが期待されること（伝達原理）が、コミュニケーションにおける相互理解の原理となる。

たとえば「あれ」、「ここ」、「その」といった指示語は、多くのものを指し示すことができ、非常に多義的であるが、それゆえに便利なのである。「そのテーブル」という発話は、たとえテーブルが多数あっても、聞き手に「近い」テーブルなどの、聞き手の認知的処理が小さいテーブルを指したり、聞き手が「注目している」テーブルなどの、聞き手の認知的意義が大きいテーブルを指したりすることができる。[15]

以上のことから言語行為を行い、コミュニケーションに参与できる人工知能は、人間はオナカガスクものだという、人間一般にあてまる事項から、対話相手に固有の社会的事情などから発生する認知的意義、そして対話相手それぞれの認知的処理能力までをも想定できなければならない。これを実現するには、どんな種類の知恵を機械に授ける必要があるのだろうか。

まとめ

チューリングマシンというコンピュータの原理により、論理学の成果を工学的に利用できる見通しができた。人間の思考が論理的な記号操作であれば、それらは原則すべて、表象計算のかたちでコンピュータ上に人工的に構成できるはずである。さらにチョムスキーは言語の文法構造を分析し、人間の話す言語はどれも人間固有の普遍文法を基盤にしていると示した。この研究成果は機械翻訳の研究開発にはずみをつけた。しかし、言語の多義性が立ちはだかり、それを解消する状況や文脈の機械上の表現方法が難しく、一筋縄では対処できないと判明した。言語行為における意図解釈にはさらに大きな困難がつきまとう。結果として、機械翻訳を行う人工知能も、チューリングテストをクリアする

(14)　スペルベル&ウィルソン『関連性理論（第二版）——認知と伝達』（内田聖二ほか訳、研究社出版、原著一九九三年・邦訳一九九九年）を見よ。

(15)　筆者は「こそあなしゲーム」という遊びを推奨している。「あれ」、「ここ」、「その」といった指示語を使わないようにして話すのだが、誤って使ってしまったならばペナルティを払うというゲームである。ちょっとやってみるとこれは（おっとしまった！）かなり難しい。会話の中で指示語の占める重要な地位がわかるし、身の周りのものに結構名前がついていないことにも気づかされる。だが「こそあなしゲーム」を練習すれば、不特定多数にも理解しやすい話をする練習にもなることうけあいである。初出は、石川幹人『人間と情報——情報社会を生き抜くために』（培風館、一九九九年）である。

人工知能も、それを実現するには研究上のさらなる革新的な発展が不可欠であるとみられる。

第三章　問題解決システム
——知識は真実の記述か

一般問題解決器の原理

前章では、機械翻訳という実利的な人工知能の応用について議論したが、本章では、もうひとつの応用、問題解決システムについて議論し、あわせて知識の役割について検討する。機械翻訳が一九五〇年代のチョムスキーの業績に端を発するのと同様に、問題解決システムは、ニューウェルとサイモンの一九五六年の論理命題を証明するプログラムにさかのぼれる。[1]その後一九七二年、彼らは研究を発展させ、どんな問題でも解決できる一般的なコンピュータシステム（一般問題解決器）の構成法を提案した。

（1）　サイモンとは、「限定合理性」「主観的効用理論」などの業績でノーベル経済学賞を受賞した経済学者ハーバート・サイモンである。サイモン『意思決定と合理性』（佐々木恒夫・吉原正彦訳、文眞堂、原著一九八二年・邦訳一九八四年）などを見よ。

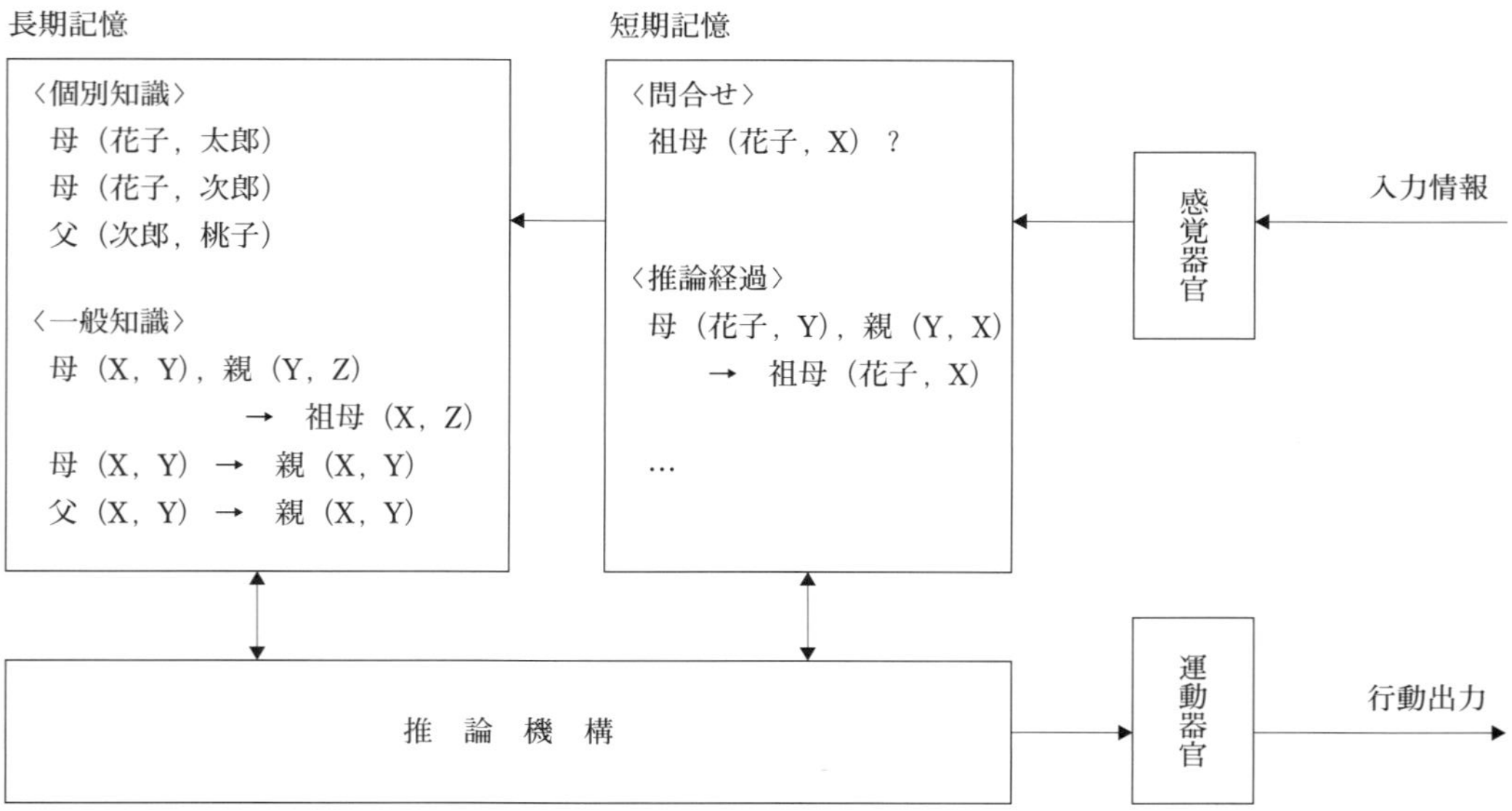

図 3—1　論理的な推論による問題解決の認知モデル

一般問題解決器は、論理的な記述として与えられた問題文を、論理的な推論形式にもとづいて段階的に書きかえていくことで、問題の解答を導く構成になっている。具体的な実現法にはいくつかのヴァリエーションがあるが、ここでは先の記憶の図式にあてはめながら、その動作の実現法を例示しよう。

図3－1の長期記憶には、次のような個別知識記述（式1～3）と一般知識記述（式4～6）があるとする。(2)

母（花子，太郎）……（式1）
母（花子，次郎）……（式2）
父（次郎，桃子）……（式3）
母（X，Y），親（Y，Z）→祖母（X，Z）……（式4）
母（X，Y）→親（X，Y）……（式5）
父（X，Y）→親（X，Y）……（式6）

式1は、自然言語の「花子は太郎の母である」という文に相当している。また式4は、「XがYの

（2）この実現法はコンピュータ言語のプロローグをもとに、少し改変している。プロローグについて詳しくは、新田克己の『人工知能概論』（培風館、二〇〇一年）や『知識と推論』（サイエンス社、二〇〇二年）を参照されたい。

母であり、かつYがZの親であるならば、XはZの祖母である」という文に相当している。X、Y、Zなどは「変数」と呼ばれ、「太郎」などの個別名を入れる「入れ物」である（そのひとつの式内で同じ名前の変数には同一の個別名を入れる）。「↓」は「ならば」を表し、その左側（上側）を論理的前提、右側（下側）を論理的帰結という。式5と6は論理的帰結が同一なので、あわせて「XがYの母であるか、またはXがYの父であるならば、XがYの親である」を表す。論理的前提における「かつ」はカンマで区切って列挙するが、「または」は同様な式を複数列挙する。一般知識記述はわれわれの知識に合致した「正しい式」とみなすことができる。

ここで図3－1のように、短期記憶に質問「花子は誰の祖母ですか」が入力されたとする。この質問は次の式で記述される。

祖母（花子，X）？　……（式7）

質問が入力されると推論機構が動作する。式7と合致する式を、まず個別知識記述から探すが、見つからないので、次に一般知識記述の論理的帰結から探す。式4の帰結と合致する（式内の変数は、他の式のどの個別名とも変数とも合致する）ので、式4のXは花子に、ZはXに書きかわって次の式が推論の途中経過として短期記憶に書かれる。

母（花子，Y），親（Y，X）→祖母（花子，X）　……（式8）

式8の前提部の前半と合致する式を、まず個別知識記述から探すと、式1と2に合致するので、それぞれYに太郎と次郎を入れ、式8は次のふたつの式に書きかわり、短期記憶に書かれる。

母（花子，太郎），親（太郎，X）→祖母（花子，X）　……（式9）
母（花子，次郎），親（次郎，X）→祖母（花子，X）　……（式10）

式9と10の前提部の後半に合致する式を個別知識記述から探すが、見つからないので、次に一般知識記述の論理的帰結から探すと、式5と6の帰結と合致するのがわかる。式9を合致させた場合、式5と6のXは太郎に、Yは X に書きかわり、次の式が得られ、短期記憶に書かれる。

母（太郎，X）→親（太郎，X）　……（式11）
父（太郎，X）→親（太郎，X）　……（式12）

式10を合致させた場合、式5と6のXは次郎に、YはXに書きかわり、次の式が得られ、短期記憶に書かれる。

母（次郎，X）→親（次郎，X）　……（式13）
父（次郎，X）→親（次郎，X）　……（式14）

式11～13の前提部と合致する式は，個別知識記述にはない。しかし，式14の前提部は，式3と合致して式14のXに桃子が入れられる。また式14をつくるのに使われた式10のXにも桃子が入れられ，次のふたつの式が完成する。

父（次郎，桃子）→親（次郎，桃子）　……（式15）
母（花子，次郎），親（次郎，桃子）→祖母（花子，桃子）　……（式16）

式15は「次郎は桃子の父である，だから次郎は桃子の親である」を，式16は「花子は次郎の母であり，かつ次郎は桃子の親である，だから花子は桃子の祖母である」を表す。式16の帰結部は式7と合致するので，質問文である式7のXは桃子であると解答される。

X＝桃子

このように論理的かつ形式的な推論で，問題解決を行えることが示された。一般問題解決器は，こうした個別知識記述と一般知識記述を大量に蓄えておけば、どんな問題でも原理的に解決できるではないか、という発想である。世の中の真実である知識をすべて蓄えることができた理想的なデータベースが完成すれば、あらゆる問題に対して誤りのない解答が得られるというのだ。(3)

エキスパートシステムと知識技術者の奮闘

人工知能、および認知科学の主流になる考え方によると、人間の思考は上述したような、記憶内の表象の書きかえ計算でモデル化できるとされる。こんな細かな式の展開をわれわれはふつう意識していないが、意識下ではこれに相当する計算をしているのだろうか。(4) このモデルに対する批判の一部はすでに前章で議論したが、ここでは問題解決システムの実現に伴う疑問を中心に考察する。

機械翻訳で直接問題になったのは、言語の多義性と、それを解消するための状況や文脈設定の困難さであった。一般的な問題解決にはそれと同様の問題がつきまとうが、問題解決システムの開発はそれらの問題を回避する道を選んだ。それがエキスパートシステムの開発である。エキスパートシステムは、人間のエキスパート（専門家）が行っている問題解決の手順を抽出して知識のかたちに記述し、

(3)　あらゆる真理を蓄えた記録という着想自体、まさに現代思想が「達成の見こみのない形而上学的欲望」と批判する対象である。ハーバート・サイモン自身、一九九二年に筆者の所属する研究所のシンポジウムに来日したときには、「私も昔は楽観的なことを言いすぎた」と、反省の言葉を述べていた。

(4)　意識下でもこうした計算が実現されていると徹底的に主張する立場を「計算主義」という。ゼノン・ピリシン『認知科学の計算理論』（信原幸弘訳、産業図書、原著一九八四年・邦訳一九八八年）が計算主義の代表的著作である。

問題解決システムに構築しようというものである。エキスパートシステムは、一九八〇年代、機械翻訳の研究と並行して、機械翻訳よりもすぐに実用化できる技術開発として、日本およびアメリカですすめられた。工場やビジネスの現場で必要となっている問題解決を、診断・制御・計画・設計という問題領域ごとに分類し、それぞれ特徴をもったエキスパートシステムの枠組みがいくつか開発された。

エキスパートシステム構築は、問題解決システムを最初から創出しようというのではない。問題解決をうまくこなしている人間の専門家が存在する、ある程度狭い問題に限定して、その専門家の知識をコンピュータに入れて自動的に問題解決させようという方針である。この方針は合理的で見こみがあると思われた。しかし、いくつかのエキスパートシステムが試験的に開発され始めると、すぐに特殊な技能をもった技術者が必要であると判明した。「知識技術者（ナレッジエンジニア）」と名づけられたその技術者は、専門家から知識をひき出して体系化し、コンピュータ上に記述するという作業を受けもつ。(5)

人間の専門家は熟練すればするほど、問題解決の過程を自覚しなくなる（後述の暗黙知）。どうして問題が解けたのかと正面から問うても、ただ自然に思いついたという内観報告が返ってくるのがつねである。知識技術者は、専門家との人間的関係を維持しながらインタヴューをくり返し、問題解決の細部を引き出さねばならない。引き出した細部をさらに、コンピュータ上で動作するように加工するのだ。論理的に飛躍があるところは段階的に計算が進むように埋めあわせ、概念や語句の不統一があるところはコンピュータに判別がつくように整理統合し、論理的に矛盾があるところは、場合分けをして矛盾を解消する。エキスパートシステムの成功は、優秀な知識技術者の肩にかかっていたのである。

知識の全体性

エキスパートシステムの開発は予想以上に難しい課題だった。そして、いったんできあがったエキスパートシステムも、すぐに問題を抱えることになった。仕事の現場はつねに変化しているので、問題解決も条件の変更を余儀なくされる。知識の修正や追加をすると必ずといっていいほど、システムが動かなくなるのである。一般問題解決器の着想では、知識の更新はたんに長期記憶に記述を追加すればよいだけのはずであった。ところが、知識には「全体性」という性格があり、知識の追加・更新は全体に影響がおよぶのである。エキスパートシステムの知識体系全体を把握しているのは、それを開発した知識技術者である。システム更新のたびに知識技術者を頼りにしていたのでは、もとの専門家の代わりに、知識技術者が専門家になったようなものだ。これでは、エキスパートシステムを導入したため、現場から専門家という貴重な人材が失われ、問題解決の柔軟性も失われるということになりかねないのである。

知識の全体性が典型的に現れる計算処理は、否定の扱いである。先の例で「桃子は花子の父であ

（5）　エキスパートシステム開発の停滞とともに、「知識技術者」という用語は使われなくなった。現在では「システムエンジニア（SE）」という用語が、わずかに残るこの職種もカバーするようになった。

る」という知識は、個別記述にもないし、一般記述をいかように適用しても得られないので、「桃子は花子の父でない」とみなしてよさそうである。その領域に関するすべての（そしてときには膨大な）知識をもっている場合には、このような否定が導き出せるのである。しかし、ある主張の否定を知るには、知識全体を、その組合せから得られる知識を含めて調べあげねばならない。われわれは、「アメリカ大統領の配偶者は私の親戚である」という主張の否定をすぐに結論できるが、これは自分の親戚に関する十分な（かつ比較的少数の）知識があり、それをすぐさま調べられるので結論できるものと考えられる。(6)

また問題解決がうまくいかなかったときの知識の修正にも、知識全体への見通しが必要である。たとえば、A～Fのすべてが成立したならばGが結論されるという知識があるとする。

A, B, C, D, E, F → G

ところが、A～FであるのにGでなかったとして、この知識の修正を考えよう。お母さんから「お爺ちゃんが裏庭に金塊を埋めていたわよ」（A）と言われて、「お爺ちゃんは事業で成功していた」（B）、「昔は銀行よりも金塊のほうを信用していた」（C）、「お母さんはお爺ちゃんのことをよく知っている」（D）、「裏庭は何かを埋めてとっておくのに最適だ」（E）、「金塊は今でも高い価値がある」（F）、だから「裏庭の金塊を掘って一儲けしよう」（G）と決断する。ところが、実際に掘ってみたところ、金塊は出てこなかった。さて、知識はどのように修正したらよいのだろうか。お母さんが冗談を言ったのか、金塊はすでに誰かによって掘り出されていたのか、金塊とはじつは鉄のかたまりで地中で朽ちはてたのか。このように、知識の前提部（A～F）を修正する可能性は無数にあるし、新たに前提を増やしてもよい。またかりにDの修正を試みたとすると、こんどはDを帰結した知識の前提部を疑うことにもつながり、さらにここにも多数の修正の可能性がある。知識の修正の問題は、こうして知識体系の広範な領域におよぶこととなる。(7) この場合はこのあたりを修正するのがよい、というような「修正のための知識」でもないかぎり、たいへんな作業が必要である。そして、不良箇所を事前に推測して、その「修正のための知識」を準備することもまた、たいへんな作業なのである。

知識の社会性

知識に関するもうひとつの重要な性格は「社会性」である。世界に関する真実の知識を大量に蓄え

（6）領域知識を十分にもっていない場合は、たんに「知らない」だけの可能性があり、否定を断言できない。筆者と読者の縄文時代の祖先は同一人物かどうかは、「わからない（知らない）」のである。こうした場合は（日常の問題解決の多くもこれにあてはまるが）、「知らない」のと、積極的に「否定を知っている」のを分けねばならず、無矛盾の管理などがさらに複雑になる。

（7）知識の全体性は、二〇世紀初頭にすでに、ピエール・デュエムによって個別知識の正否を決定する実験の実現不可能性が指摘されていたが、知識の修正が全体におよぶ可能性を指摘したのは、ウィラード・ヴァン・オーマン・クワインである（「自然化された認識論」一九六八年）。前掲『マインド』の七〇～七一ページを見よ。

れば、自ずと問題解決はうまくいくという問題解決システムの根本発想に疑問がなげかけられた。一般問題解決器が考えられた当初、知識とは「正当化された真なる信念である」とみられていた。正当化について具体的に考えてみよう。「裏庭に金塊が埋まっている」という信念は、掘ってみたら本当に金塊が出てきて、真であることがわかっても、それだけでは知識ではない。そんな気がしたという憶測が、たまたま当たっただけかもしれないからである。もしそうならば、次の機会にも使える知識にはならない。たとえば、お母さんから「お爺ちゃんが埋めていた」と聞くことによって正当化され、知識となる。ところが、この正当化というのに問題が伴うことがわかってきたのである。お母さんから聞いたのでなく、お爺ちゃんの幽霊が枕元に立って教えてくれたとしたら正当化に当たるだろうか。霊魂の存在を認める社会であれば別だが、日本では（少なくとも科学を重んじる法律の事実認定では）認められない。こうした分析で、知識とは「社会の知識全体によって合理的に導かれる信念」と考えざるをえなくなった。絶対的に真なる知識が欲しいと求めることは、ないものねだりであり、知識は社会やコミュニティに対して、相対的に形成されることが明確になった(8)。

あらためて考えてみると、コミュニティの文化や風習によって相対的に決まっている知識はかなり多い。われわれが「常識」として扱う知識のほとんどはそうである。状況の特定や、問題解決システムの動作には、明示的には記述されない常識が必要になるさまざまな事例がある。つぎの文を見てみよう。

その夜、洋一と翔太は、明美と由里を映画にさそった。いつものように映画館のそばの暗がりにまで来たところで判明した。二人は、お金をもっていなかったのである。

右の文で「二人」とは誰だろうか。機械的な文脈解釈であると、文章内でもっとも近接して登場する人間二人であるから、明美と由里ということになるが、この場合は常識的に考えて洋一と翔太であろう。何がそのように考えさせるかというと、映画は典型的なデートスポットであり、名前で性別がわかるから、これはダブルデートである。映画を観に行くにはお金が必要であり、デートに誘うときは誘ったほうがお金を払うものだ（伝統的な考えであれば男性がお金を払うのだ）から、彼らにはお金が必要なのだ。なのにもかかわらず、お金をもっていないとは重大な事態である、というわけだ。ところが、いつも「デート」が常識とは限らない。「恐喝」が常識となったら、「二人」は明美と由里ということになる。洋一と翔太は札つきの不良少年であり、連日めぼしいカモを探しては暗がりに誘いこんで恐喝を働いていた。だが、今夜のカモはなんとお金をもっていなかった、というわけだ。われわれはたまたま「デート」が常識の、しあわせな社会に住んでいるだけかもしれない。

筆者はかつて、配送スケジュールを策定するエキスパートシステムと、判例から法的な判断を生成するエキスパートシステムの研究開発に携わった。配送策定は、いっけん効率を追求する機械的な処

（8）　このあたりの、知識に関する哲学的議論は、戸田山和久『知識の哲学』（産業図書、二〇〇二年）に詳しい。

理のように思えるが、問題解決の優先順位をつけるところに非常に人間的な要素がある。配送サービスを受けるのは最後は人間であるので、人間の価値や満足度にかかわる常識的判断が必要である。法的判断は、法律の条文を扱う範囲ではおおよそ明示的な論理が扱われるが、個々の判例にはきわめて人間的な事件が描写されており、それを判断根拠にする場合にはかなり常識を補って解釈せねばならない。このようにエキスパートシステムといえども、常識の問題を回避するのは難しく、常識に相当する知識を明示的に保持していなければ、妥当な問題解決が期待できないのである。(9)

まとめ

人間の思考が論理的な推論であるとすれば、人間が行う問題解決はことごとくコンピュータで実現できるにちがいない。コンピュータの性能をあげれば人間以上の問題解決システムも実現可能だろう。当初は一般問題解決器といった万能システムの提案があったが、本格的な実用問題解決システムの研究開発は、人間の専門家の肩がわりをするエキスパートシステムから始まった。ところが、大量の知識を基盤にシステムを開発するという大もとの着想に、大問題が発覚した。知識には全体性があり、システムを更新しようとすると、保持する知識全体を見通す技術者の卓越した技能が必要なのである。また知識には社会性があり、知識の正しさ自体、システムを使う社会に対して相対的である。そして、社会の常識は、明示的に記述するのがきわめて困難なのにもかかわらず、われわれの問題解決の重要な要素なのである。

(9) アメリカ政府は日本の知識技術開発に対抗して、一九八〇年代後半から一〇年がかりで大規模な知識記述プロジェクトをおしすすめた。プロジェクトを指揮したダグラス・レナートは、百科事典から始めて一般常識まであらゆる知識を蓄えておけば、コンピュータが自ら新しい知識を学ぶようになると豪語した。筆者は一九九四年に、テキサス州にあるこのプロジェクトの拠点を訪問したが、プロジェクトはすでに縮小傾向にあった。

第四章　創造的発見をするプログラム
——計算量を克服できるか

実時間性という制約

前章では、問題解決システム構築に伴う知識記述の問題を議論した。本章では、そこで触れなかった別の問題を指摘することから始めよう。問題解決システムを構築して動作させ始めると決まって発生する問題に、やたらと当たり前の解答が数百も出力されるという問題がある。「5分待ってから処理しなさい。あるいは、6分待ってから処理しなさい。あるいは、7分待ってから処理しなさい。あるいは……」といった具合である。使用者である人間が、どのくらいの量の情報を認知できるか、どの解答とどの解答はほとんど同じものと認識するか、という人間理解が、システムにできていないのである。問題解決システムといえども、使うのは（解答を利用するのは）人間だから、これは対話システムなのである。第二章で議論したように、対話は相手の事情を想定できないと成り立たない。問題解決システムにおいても「ユーザ（使用者）モデル」というかたちで、相手の事情を想定する仕組

みが研究されているが、まだ十分でない。(1)

解答の質を評価し、またユーザモデルも吟味しながら、よく検討したうえで解答を表示しようとすると、こんどは一転して、何十分かかっても解答が表示されないという事態になる。大量の知識を蓄えて正確な解答を得ようとする場合などは、なおさらである。制御や実時間計画の問題解決システムでは、数十分も経過すると状況が変わってしまって解答が役に立たなくなってしまう。つまり、問題解決システムは時間的制約のなかで動作する必要がある。与えられた妥当な時間のなかで首尾よくそこの品質の解答を出力する、そういった性能が求められているのである。それを実現するには、システム自体が、問題の解決にかかわる計算の量および所要時間を推定できなければならない。

情報量と計算量

記号の計算にまつわる量的な検討は、一九四八年にクロード・シャノンが提唱した情報通信理論にさかのぼれる。シャノンは記号の長さと識別能力の関係を分析し、情報の通信速度を比較する尺度として「ビット」という単位を提案した。1ビットとは、五分五分の確率で起きるふたつの状態を識別するのに必要な情報量であり、0と1のデジタル信号の表記であれば、1文字に相当する。この単位は、バイト（8ビットのことで英数字の1文字分の情報量に相当する）とともに今日まで、情報の機械的な伝送、記録、処理の効率比較に使われている。(2) 注意すべきは、ビットとは、情報の価値や意義、すなわち情報の「質」に関する尺度では「ない」という点である。人間や社会にとって貴重な情報であっても、その貴重さは情報量と無関係である。誤解を避けるためには、ビットを「情報通信量」や「通信符号量」などと呼んだほうがよかっただろう。

実用的なコンピュータの研究開発は、一九四〇年代のジョン・フォン・ノイマンの業績から本格的にスタートした。(3) コンピュータの性能はハードウェアの性能によっても左右されるが、プログラム（ソフトウェア）の性能に大きく依存している。とくに大量のデータ（エキスパートシステムでは知識）がある場合は、処理するプログラムの効率の良さが重要である。そこで、プログラムによって指示される計算がどの程度の実行単位を必要とするかを量的に表現する、計算量という考え方が重視される。プログラムで指示される計算手順のことをアルゴリズムと呼ぶが、アルゴリズムの良し悪しによって、計算効率は飛躍的に異なる。たとえば、n個のデータを、それぞれに付された得点の順に並べ替えるプログラムは、「ソート」と呼ばれるごく基本的なプログラムであるが、高得点のものからひと

(1)　使い勝手の向上、機械と人間のインターフェースを改善することも認知科学の実用的な目標のひとつである。ドナルド・ノーマン『誰のためのデザイン――認知科学者のデザイン原論』（野島久雄訳、新曜社、原著一九八八年・邦訳一九九〇年）を見よ。

(2)　メモリ（記憶容量）が1ギガある、というのは1ギガバイトの情報量を格納できるという意味である。ギガは十億のことであるから、英数字が十億文字分入るメモリである。

(3)　現在のコンピュータにおける、中央情報処理装置（CPU）から外部にデータ線とアドレス線を配線し、そこに大容量のメモリを接続する構成は、ノイマンマシンと呼ばれる。ノイマンマシンは、CPUを高速にしてかつ、大規模なメモリを接続するようになっても、配線部分のデータ流量に限界があって、短時間に大量のメモリ内容にアクセスすることができない。この計算効率上の限界を「ノイマンボトルネック」と言う。

つひとつ探していく単純なソートアルゴリズムの計算量はnの二乗の約半分（n(n−1)/2）である。それに対して、高得点グループと低得点グループにつぎつぎと二分割していくクイックソートの計算量は、nに分割回数を掛けたもの（nlogn）である。もしデータが百万個（約二の二〇乗個）あれば、計算時間はおよそ五〇万対二〇であり、クイックソートの計算は二万五〇〇〇分の一ですむ。

情報量のほうは、どのような文字表記を使うかによって差は出るが、おおよそ記述量であると考えてよい。一方で計算量は、アルゴリズムをどのような仕組みのコンピュータで実現するかによって差が出るが、おおよそ計算時間であると考えられる。先のチューリングマシンにあてはめて考えると、情報量はテープの長さに、計算量は装置の移動回数に相当するとみられる。チューリングマシンが、あらゆる論理的な規則を計算できる「万能性」をもつと前に述べたが、じつはそれは無限の長さのテープ、そして無限の計算時間があったらという仮定つきであった。現実のコンピュータや、コンピュータの利用場面は、記憶容量や利用時間に限界がある。たとえ、原理的に万能であると言っても、条件に無限の何かを想定するのであれば、実際上は限界があると言っているに等しい(4)。

完全情報ゲームと計算量の爆発

原理的にできるが実際上できないという問題を考えるには、「完全情報ゲーム」を例題にするとよい。完全情報ゲームとは、あらゆる場合を原理的に調べつくすことができ、調べつくしたならば必勝法（最悪でも引分けにする方法）が見つかるゲームである。たとえば、「〇×ゲーム」として知られる、井の文字で区切られた九つのマス目に〇と×を交互に埋めていき、三つ並んだところで勝ちになるゲームは、完全情報ゲームである。

〇×ゲームであらゆる場合を調べつくすには、対称性を考慮して最初の〇の手は、中央に置くか、角に置くか、縁に置くかで三通りあり、次の×の手は、〇が中央に置いた後は角か縁で二通り、〇が角に置いた後は中央か対角か近角か遠縁か隣縁で五通り、〇が縁に置いた後は中央か対縁か近縁か遠角か隣角で五通りである、などとつぎつぎと場合分けを分岐させていくとよい。相手が次の手で三つ並びそうなときは、その前に自分が勝たないかぎり必ず防ぐとして、根気よく最後まで続けると、最初の〇の手が中央に置かれた場合は九八通り（うち、〇が勝つ場合は二〇通り、×が勝つ場合は二通り、引分けの場合は七六通り）に分岐する（次頁の図4―1参照）。

このように場合分けの分岐を描いた図を推論木という（ゲームの場合にかぎって「ゲーム木」とも呼ぶ）。とくに推論木の出発点を「根」、分岐線を「枝」、途中の分岐点を「節（ノード）」、枝先の末端部を「葉」ともいう（下向きに分岐を描いていくと現実の木とは上下さかさまになる）。推論木が描けた

（4）　テリー・ウィノグラードはSHRDLUという、命令にもとづいて玩具ブロックを移動させる対話システムを作成した。これも人工知能開発の期待を高める初期の研究成果だったのであるが、玩具ブロックの世界を拡大するとすぐに計算量の壁が露呈した。計算量の問題があると、小さな世界での成功は大きな世界での成功を裏づけないのである。その後ウィノグラードは一転して、人工知能は達成できないという趣旨の本、ウィノグラード&フローレス『コンピュータと認知を理解する――人工知能の限界と新しい設計理念』（平賀譲訳、産業図書、原著一九八六年・邦訳一九八九年）を出版して注目された。

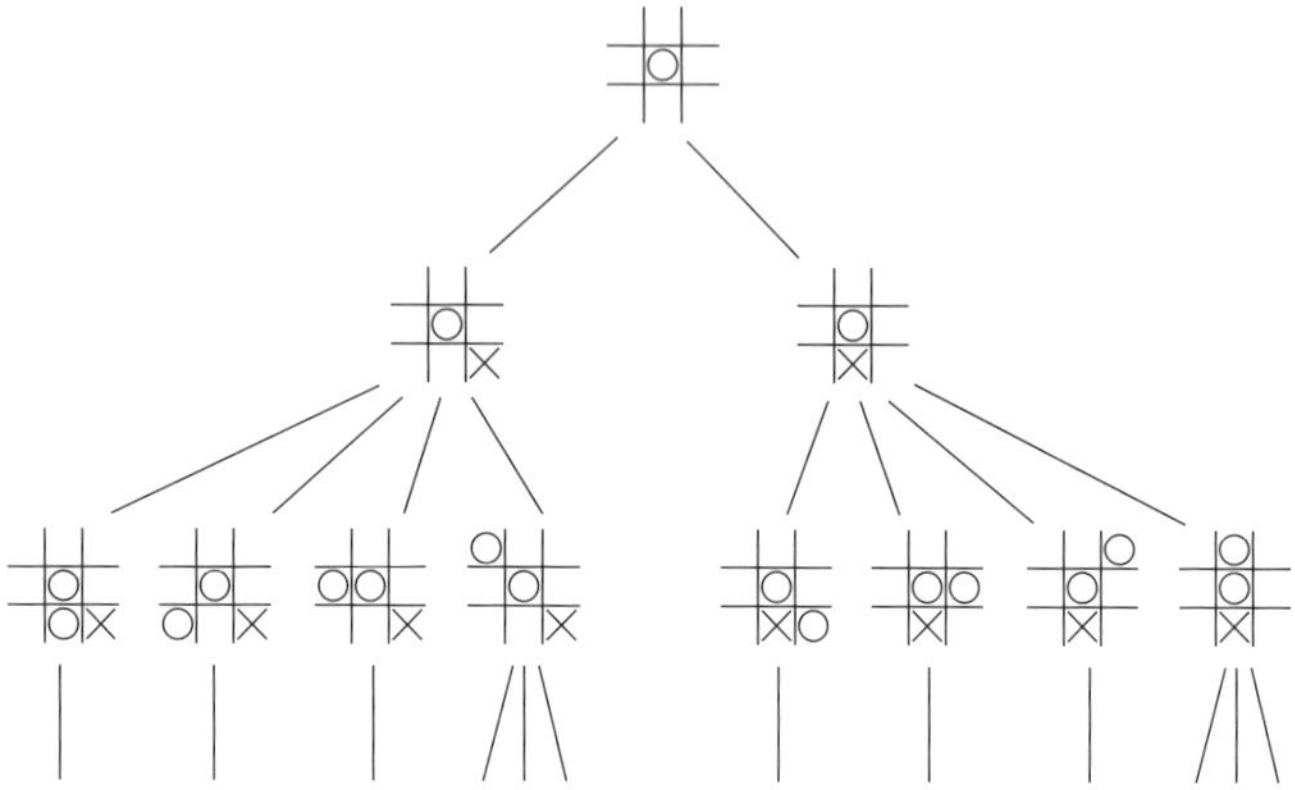

図 4—1　○×ゲームの推論木の一部

ならば、自分が勝利する末端部を白く塗り、相手が勝利する末端部を黒く塗る。また、自分の手のノードで白に至る枝（選択肢）があるノードを白く塗り、逆にすべて黒に至るのだったら黒く塗る。相手の手のノードで黒に至る枝があるノードを黒く塗り、すべて白に至るのだったら白く塗る。色塗り作業を末端部から根まで行えば完了である。根に白がついていたら自分に必勝法があり、黒がついていたら相手に必勝法がある。根に色がついてない場合は、どちらかが手を打ちまちがえないかぎり引分けである。○×ゲームは、熟練者同士が対戦すると必ず引分けになり、まったくつまらないゲームとなるのはよく知られている。

完全情報ゲームは、ほかにオセロ、チェッカー、チェス、将棋、囲碁などが知られている。もしコンピュータの性能が十分高ければ、推論木を作成して必勝法を得ることができるので、チェスも○×ゲームと同様に（少なくともコンピュータにとっては）つまらないゲームになるはずである。ところが、計算量の問題でそうはならない。

推論木の枝のひとつひとつは、推論アルゴリズムの実行単位とみなすことができる。だから、推論木の枝の総数は推論をするための計算量を表していると考えられる。チェスの最初の駒の動かし方は、二〇通りある。毎回の駒の動かし方が二〇通りずつあるとする（中盤はもっと多い）と、三〇手先までで推論木の枝先は二〇を三〇回かけあわせた数（二〇の三〇乗）に達する。これがどのくらいの数かというと、地球の人口よりもはるかに多い一兆台のコンピュータを使って、それぞれ一秒間に一億通りを計算するとして、なんと約三千億年かかる。宇宙物理学の知見では、この宇宙は一二〇億年から一五〇億年ほど前のビッグバンから始まったようであるから、宇宙の歴史をもってしても三〇手先までの推論木が作成できない。かりに作成できたとしても、何に記録しておくのだろう。宇宙の原子がすべてコンピュータの記憶素子になったとしても、おそらく足りないだろう。こうした事態を「計算量の爆発」という(5)。

チェスや将棋は、ゲームに決着がつくまで百手とか二百手とかを指す。チェスや将棋などは完全情報ゲームであるが、計算量の爆発を起こすため実際上は必勝法が存在しない。だから、われわれはゲームを楽しむことができ、また、プロ棋士という職業も成立するのである。

（5）　情報科学に関連した研究分野を学んでいないと、この計算量の爆発がどんなところで起きるかの感覚がなかなか養われない。一般的には倍々になる構図のあるところで起きる、と覚えておくとよい。新聞紙一枚を三〇回折りたたむと（折りたためたとして）どのくらいの厚みになるか想像されたい。

（答：富士山よりも高い）

チェス専用コンピュータ

チェスの推論木を描いて必勝法を見つけるのは、いかに性能の高いコンピュータであっても不可能であるとわかった。そこでコンピュータは、見こみのなさそうな推論木を「枝刈り」して計算量を削減しながら、なるべく先の手まで時間いっぱい深く読み、その時点の枝先の盤面について優勢劣勢を局面評価する。局面評価には過去の対戦のデータベースを利用して可能なかぎり正確に行う。人間もおおよそこうした推論手順をとっているようにみえる。前章で問題になったエキスパートシステムとちがって、チェスは完全情報ゲームであるから、この推論手順には、人間の理解も社会的常識もあまり関係がない。コンピュータは、人間とくらべればはるかに高速に（そして正確に）計算ができるので、チェスのような形式的世界に関するゲームはいっけん人間よりも強いと思われる。ところがそうでもないのだ。

一九九七年、ＩＢＭのチェス専用コンピュータ「ディープ・ブルー」が、人間の世界チャンピオンであるカスパロフを打ち負かした。当時の新聞では「人工知能の勝利記念日」とか、「重圧、あせり、疲れ――人間の弱さ露呈」などと、コンピュータの性能アップをたたえる見出しが踊った。しかし、その後はけっしてコンピュータが勝ち続けたわけではなかった。たしかに、人間とコンピュータの実力は伯仲しているが、不正確な推論という、人間の弱さが出るところにかぎって人間が負けるようである。

人間とコンピュータの対戦はそもそも不公平だという批判もある。チェス専用のコンピュータには莫大な研究開発費がかけられ、数多くのコンピュータ技術者とチェスの専門家が、よってたかって対策を検討するのである。終盤になると駒数が減るチェスの特性を生かして、終盤の十数手については必勝法のデータベースがコンピュータには備わっている。こうしてみると、コンピュータによる正確無比な計算による推論と、熟練した人間の推論を比較すると、なぜか人間のほうに軍配があがるように思われる。

他の完全情報ゲームの対戦実績をみると、実情がもっとよくわかる。取った駒が使えて、終盤になっても手の数が減らない将棋は、もっとも強いコンピュータ棋士でもアマチュアレベルである。(6) 広い盤面のどこに石を打ってもそれなりに意味をもつ囲碁であると、コンピュータ棋士はアマチュアと対戦してもなかなか勝てない。一方で、手の数が限られているオセロやチェッカーは、コンピュータのほうがはるかに強い。概して、やみくもな探索が功を奏するゲームはコンピュータが強く、そうでないゲームは人間の熟練者が強いようである。

(6)　松原仁『コンピュータ将棋の進歩(5)アマトップクラスに迫る』（共立出版、二〇〇五年）に詳述されているが、最近の将棋コンピュータはかなり善戦するようになってきた。実現される可能性の高い局面を深読みするアルゴリズムの進展によるところが大きい。ここにも、対戦相手がどんな手を指しやすいかという、人間理解が重要であることがうかがえる。

図 4―2A　三角形が見える配置

図 4―2B　三角形が見えない配置

大局観とフレーム問題

人間の熟練者は推論の際にどのような知恵を働かせているのだろうか。正直よくわかっていない。だが、囲碁の推論過程からヒントを得ると、それはある種の「大局観」なのかもしれない。人間は重要なところを見いだして深読みする。重要なところは、過去に経験した類似の棋譜や、戦略の見通しなどから自然に浮かび上がってくるという。

自然に浮かび上がる現象というと、カニッツァの三角形などのパターン認識の例が連想される。図4―2Aに示すように、三つのハスの葉が特定の位置を占めることによって、明示されていない「白い三角形」が浮きでて見えるのが、カニッツァの三角形である。たまたま三つのハスの葉がその位置にある（図4―2B）というよりも、黒い三つの円の一部が前景の三角形によって覆われているという「ありそうな景色」が認識されるのである。[7] この現象は、もろもろの断片的な情報を大局的にとらえることで、ありそうな景色が重要なものとして立ち現れたと解釈でき、ひとつの大局観のあり方を示しているようである。

このような大局観を仮定すると、これまで議論してきた、状況の特定による多義性の解消問題も同様に解釈できそうである。言語がもつ多くの意味と、状況の可能性と、常識などの漠然とした多数の知識とが、断片的な情報を提供しており、それらを大局的にとらえることで、ひとつの整合的な「見え」が現れてくるのである。

大局観の働きを認めてしまえば、人工知能の最大の難問とされている「フレーム問題」も解消されそうだ。フレーム問題とは、重要な知識を枠（フレーム）に囲うときに発生する計算量の問題である。ダニエル・デネットがロボットの行動に関して思考実験を提案して有名になった。ロボットがある行動をとろうと計画するが、その行動の波及効果が別な問題を起こさないかどうか延々と考え続けて、ついに何も行動がとれなかったという話である。人間は、不安神経症の人は別にして、そこそこ重要なところのみを吟味して、すぐに行動を実行に移せる。これも人間にそなわった大局観のなせる技かもしれない。(8)

(7)　パターン認識に関するこうした現象は、図と地の反転図形（後述のエッシャーの図版）など多数が知られており、ゲシュタルト心理学の研究対象であった。ガエタノ・カニッツァ『視覚の文法――ゲシュタルト知覚論』（野口薫訳、サイエンス社、原著一九七九年・邦訳一九八五年）を見よ。

(8)　フレーム問題は、原理的にできるが現実的にできないという、新たな角度の問題を哲学に与え、哲学分野の議論を巻き起こした。たとえば、柴田正良『ロボットの心――7つの哲学物語』（講談社現代新書、二〇〇一年）がある。当初、フレーム問題とは、論理学に時間の要素を入れたことで表面化した。もともと論理学には時間経過は表現されないが、知識の記述には時間経過が必要であったのである。驚くべきことに論理学での「AならばB」は、「Aが原因とな

暗黙知と技能

本章で注目する大局観を発揮する過程を、マイケル・ポランニーは「暗黙知」として説明した。[9] 彼はまず、暗黙知を道具の身体化過程を例にとって説明する。単純な道具の代表としてハンマーについて考えてみよう。われわれは、ハンマーを手に持って軽く上下に振ることで、木片に釘を打ちつけることができる。ハンマーを使うときに、私たちはハンマーの先端に注意を集中する。ハンマーの先端が釘をしっかりと捕らえたか、それとも打ち損じたかは、たとえ目を閉じていてもよくわかる。私たちが直接感じとれるのは、手のひらに握ったハンマーのグリップの感覚だけであるのにもかかわらず、あたかもハンマーの先端に感覚があるかのような気がしてくる。ハンマーの取り扱いに慣れていれば、ハンマーは私たちの身体の一部のように感じられる。いや、むしろハンマーが身体の一部になるように努力すると、ハンマーの取り扱いが上達するとも言えよう。

ハンマーが身体化している状況を思いおこすと、われわれは手のひらに感じるグリップの感覚を意識していない。グリップの感覚は意識下に後退し、それを超えて、ハンマーの先端の感覚が意識されるのである。手がかりとなるグリップの感覚が自ずとまとまり、注目したハンマーの先端の感覚として形づけられるのである。ポランニーは、グリップの感覚（近接項という）から、ハンマーの先端の感覚（遠隔項という）が生まれる過程を「暗黙知」と呼んだ。手がかりとなる近接項があらかじめ暗黙的に身体化されている（全体従属的感知）状態で、遠隔項を意識的に注目（焦点的感知）すれば、暗黙知が発揮され、遠隔項が意味ある存在へと結実し、実現するという。

ハンマーが手の延長のように身体化されるのならば、腕自体が身体化された瞬間もあるのだろう。考えてみれば、腕の情報も肩の位置では、信号を伝達する神経の束なのである。私たちは手のひらの感覚を直接感じとっているのではなく、肩から脳につながる神経の束を流れる信号の情報を受けとっているにすぎない。ハンマーと同様に考えれば、肩の位置にある神経に現れる感覚を手がかり（近接項）に、私たちは手のひらの感覚（遠隔項）を形成していることになる。ハンマーを持ったときは、手のひらの感覚はハンマーに対して近接項であったが、持たないときは遠隔項となるのである。

こうしたことを裏づける「幻肢」という現象がある。事故などで手足を切断した患者は、切断手術の麻酔からさめても手足が切断されたことを自覚していない。切断されても手足の存在感はまだ残っ

ってBという結果が起きる」を表さない。AとBの間に時間経過がないからである。もし時間経過があるとすると、トートロジー（同語反復）と呼ばれる論理学の基本式「AならばA」が成り立たなくなる。なぜならAが「コップの中に氷がある」の場合、時間経過で氷が融けてしまうので、後ろのAが偽になりえるからである。そこで、「A（t）ならばA（t+1）」というように時刻を明示する対処をとった。すると、時刻t+1のすべての記述（と記述の組合せで生成される記述）に対して、時刻tの記述との関係を決めなければならない。これは記号が離散的であるかぎり、現実的に無理な要求である。マッカーシー&ヘイズ&松原『人工知能になぜ哲学が必要か――フレーム問題の発端と展開』（哲学書房、一九九〇年、原著論文一九六八・六九年）を見よ。

（9）　暗黙知は記述的な知識ではなく、むしろ知的な行為や技能に相当するものである。ポランニー『暗黙知の次元』（高橋勇夫訳、ちくま学芸文庫、原著一九六六年・邦訳二〇〇三年、佐藤敬三による旧訳も紀伊国屋書店から発刊されている）や『個人的知識――脱批判哲学をめざして』（長尾史郎訳、ハーベスト社、原著一九五八年・邦訳一九八五年）を参照されたい。

ているのである。切断されて、もはや存在しない手足の空中の位置が、むずがゆかったり痛かったりするという。この状態が幻肢である。(10)

幻肢は非常に実在的であり、患者は幻の足でベッドから立ち上がろうとしたり、幻の手でコーヒーカップを持ち上げようとしたりする。切断してしまってないはずの手を、前に持ち上げることも依然として可能であり、そのまま壁に向かって進むと、患者は持ち上げた手が壁にめりこんでいく感覚をもつという。患者は日常生活に支障をきたさないよう、リハビリによって幻肢状態を克服し、手足がない状態に適応していかなければならない。幻肢の存在は、手のひらの感覚が、直接手のひらに由来するのではなく、手のひらから送られてくるであろう信号情報を手がかりに、私たちの脳が手のひら感覚を生成した結果であることを示唆する。私たちの身体感覚は、手足であろうが、ハンマーや自転車であろうが、暗黙知の所産だと言えよう。

状況や文脈において記号表象が意味する内容を知る過程も、コミュニケーションにおいて発話から行為者の意図を感知する力も、暗黙知の構図にあてはまる。言葉から意味を生成する場合は、文字自体や文脈が近接項であり、それらを焦点的に意識してはならない、たとえば漢字の一点一画を気にすると漢字の意味が消失してしまうのは、われわれがよく経験することである。正しい漢字であっても「本当にこんな格好だったかなあ」と見つめ直すと、文字自体が遠隔項となってしまい、かえって大局的な意味に注目できなくなってしまう。また、外国語の初学者は、とかく外国語の意味を推しはかろうと文法に注目しがちになる。文法を気にしているとそれが遠隔項になってしまい、本来遠隔項とすべきであった意味が現れてこない。むしろ、個々の単語の用法「から」文全体の意味「へ」と注目するのである。

暗黙知の考え方からすれば、伝達される言葉自体を近接項におき、それを内部化・身体化できるとき、はじめてその言葉は意味ある内容をもち、ひいては発話者の意図も遠隔項として感知できるのである。こうした暗黙知を発揮するには、その状況へのコミットメント（主体的傾倒あるいは潜入）が重要であるとポランニーは言う。(11)

創造性をめぐって

ポランニーによると創造性も暗黙知の所産であるという。経験や知識などの近接項を身につけ、達成目標である遠隔項を強く希求すると、新しいアイデアがひらめき発明や発見がなしとげられるのだ。

(10)　悩ましい幻肢を解消する方法をヴィラヤヌル・ラマチャンドランが開発した。右手の幻肢に悩んでいる場合は、ダンボール箱の中央に、箱を左右に仕切る形で鏡を設置する。鏡の面は左側を向けておき、鏡によって分割された左右の箱にそれぞれ手（と幻肢）を入れる。頭部は左側をのぞき込むようにすると、鏡に映った左手の像が右側に見える。左手を右手の幻肢と一致する位置にもっていき、右側を見つめながら左手をゆっくり動かすと、それにつれて幻肢が動き始める。脳内の誤った結びつきが視覚のフィードバックで訂正されるからだという。ラマチャンドラン&ブレイクスリー『脳のなかの幽霊』（山下篤子訳、角川書店、原著一九九八年・邦訳一九九九年）を参照されたい。

(11)　暗黙知という営みの主体に位置するのが人格であり、その主体的営みこそが生命の根源であるという見方も成立する。栗本慎一郎が『意味と生命――暗黙知理論から生命の量子論へ』（青土社、一九八八年）で論じている。

図 4—3A　鳥と仔馬のタイリング作成過程

図 4—3B　規則的なタイリング

うまくいかない努力を再三くり返したのち、散歩しているときやトイレに入っているとき、あるいは夢を見ているときなどに、アイデアは到来する。[12]その極意は「積極的に待つ」感覚である。

チェスの次の一手に、戦略的なすばらしい一手を見つけるのは、創造的発見だろうか。推論木を展開してそこから機械的に見つけるのであれば、それは創造とは言えないだろう。しかし、膨大な可能性のなかから大局観を働かせて一手を見つけるのであれば、創造的発見である。すでに可能性として存在するものを見つけるというよりは、存在しないものを見つけるに等しく、創造的発明と言ったほうがよいかもしれない。機械的に探すしかないコンピュータは創造的ではなく、暗黙知を働かせて問題解決ができる人間は創造的である、という対比が成り立つようにも思える。このような対比が可能であるという指摘が、タイリングの研究から現れた。

タイリングとは、風呂場などの壁を一面、特定の形状のタイルで埋めることである。正方形や正三角形のタイルならば、平面を隙間なく埋められるが、正五角形のタイルではそれができない。ふたつの異なる形状のタイルでも平面を埋めつくす組がある。たとえば、エッシャーの図版『鳥と仔馬』（一九四九年）では、鳥の形状のタイルと、仔馬の形状のタイルが面をおおっており、白い部分に着目すると一面に仔馬が見え、黒い部分に着目すると一面に鳥が見える。エッシャーの作品はどれも芸術的にすぐれているが、隙間なく埋められる形状のタイルの見つけ方は比較的単純である。図4―3

（12）　発明や発見の具体的事例には、ロイストン・ロバーツの『セレンディピティ――思いがけない発見・発明のドラマ』（安藤喬志訳、化学同人、原著一九八九年・邦訳一九九三年）を見よ。

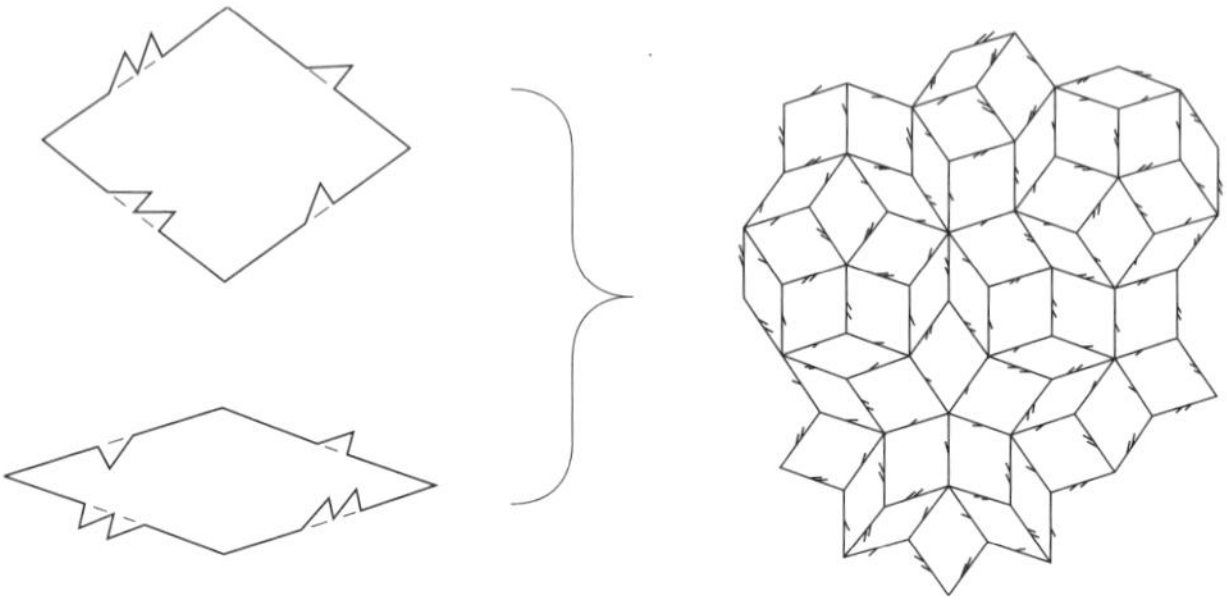

図 4―4　不規則的なタイリング（ペンローズタイル）

Aに示すように、まず二等辺三角形（あるいは平行四辺形など）で一面を埋めると想定し、白図形を部分的にへこませたならば、黒図形の対応部分を膨らませるといった作業をくり返して、魅力ある図形のペアを作りだす。こうしてできあがったタイルの組は、必ず平面を隙間なく埋めつくせるのである。

エッシャーの作品では、タイルのパターンに周期性がある。同じパターンが規則的にくり返し現れ（図4―3B）、またそれが芸術性を高めている。けれども、いくつかの基本タイルを組み合わせて、不規則なパターンで平面を埋めつくせることが知られている。図4―4は、ふたつの基本形状を複数個組み合わせて周期性のないパターンができることを示している。不規則なパターンは芸術性に欠けるかもしれないが、不規則に一面を埋めつくせる基本タイル形状を見つけるのは、じつはたいへん困難な課題なのである。図のタイル形状は、発見者（発明者）のロジャー・ペンローズにちなんで、ペンローズタイルと呼ばれている。

ペンローズタイルは、エッシャーのパターンのように局所的な処理でつくり出すことができない。なんと、チューリングマシン

勁《けい》草《そう》書房

http://www.keisoshobo.co.jp

2010年 8月の重版

病院の言葉を分かりやすく
工夫の提案

国立国語研究所「病院の言葉」委員会 編著

病院の言葉はなぜ分かりにくいのか。質問調査から「伝わらない言葉」を収集、「伝わる言葉」への言い換え方を提示する初の手引書。

A5判並製264頁定価2100円
ISBN978-4-326-70062-2　1版4刷

大学生の就職とキャリア
「普通」の就活・個別の支援

小杉礼子 編

大学生の就活と企業による募集採用活動、卒業後の追跡調査を基に実態を捉え、職業人の育成で大学教育が果たす役割と課題を論じる。

四六判上製228頁定価2310円
ISBN978-4-326-65330-0　1版2刷

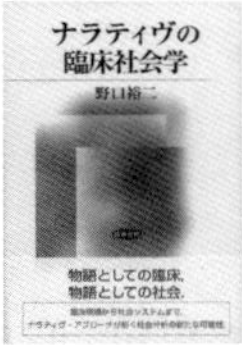

ナラティヴの臨床社会学

野口裕二

物語としての臨床、物語としての社会。臨床現場から社会システムまで、ナラティヴ・アプローチが拓く社会分析の新たな可能性。

四六判上製264頁定価2730円
ISBN978-4-326-65302-7　1版3刷

論理と会話

ポール・グライス 著
清塚邦彦 訳

言語分析とコミュニケーション理論を橋渡しする領域で活躍したイギリスの哲学者グライスの、言語哲学に関連した主要論文を集成。

A5判上製408頁定価4935円
ISBN978-4-326-10121-4　1版3刷

ポリティカル・サイエンス・クラシックス

現代政治学の「必読文献」を翻訳したロングセラー・シリーズ

ポリティカル・サイエンス・クラシックス1

…太平洋の
…A競争
…・ソリース、
…ラ・スターリングス、
…おり 編
…おり・浦田秀次郎 監訳
…郎 訳
…製368頁定価3990円
ISBN978-4-326-50338-4

なぜ自由貿易協定（FTA）は急増しているのか？　東アジアをめぐるFTAの特徴やその急増の要因を解明し、この問いに答える試み。

…ョン法案内
…樹
…製320頁定価2310円
ISBN978-4-326-45090-9

はじめてマンション法を学ぶ人へ。具体的事例を通してやさしい語り口でわかりやすく解説。教育的配慮を行き届かせた第一人者による入門書。

…長期政権の
…済学
…政治の自己矛盾
…製260頁定価3150円
ISBN978-4-326-30190-4

衆議院議員の経験も持ち、現在、エール大学で教鞭を執る気鋭の著者の日本政治研究。自民党の政権維持戦略＝利益誘導の論理の逆説。

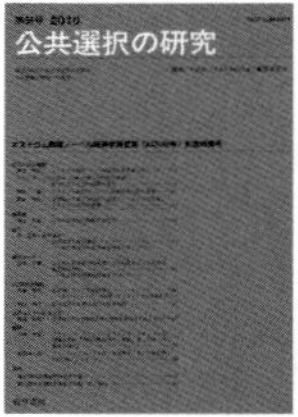

公共選択の研究
第54号
Public Choice Studies編集委員会 編
B5判並製84頁定価1575円
ISBN978-4-326-93350-1

経済と政治の接点におけるさまざまな問題を研究し、その理論と現実への適用を図る学術研究誌。

表示価格には消費税が含まれております。

で形式的に定義される手続き的操作（アルゴリズム）ではさがし出せないことが数学的に証明されているのである。ロジャー・ペンローズ自身、これは人間固有の創造力の成果であり、（現在の）コンピュータにはまねのできないワザである、と主張している。[13]

まとめ

実用的なコンピュータは、妥当な時間内に応答する必要がある。これが意外に難しい。知識を組み合わせれば無数の新たな知識が生まれ、それをすべて調べていたら宇宙の時間がかかる。チューリングマシンは論理的に万能であっても、現実のコンピュータは、格納できる情報量に限界があり、計算時間に上限がある。だから、プログラムを工夫して計算量を削減しなければならない。チェスのように原理的にすべての場合を調べられる完全情報ゲームであっても、現実には調べつくせない。そして、洗練されたゲームプログラムよりも、熟練した人間のほうが強いという事態が起きている。その理由は、人間には暗黙知という大局観を実現する能力が伴っているからかもしれない。タイリングの研究は、アルゴリズムでは解決不能の問題が、人間によって実際に解決できる事例を示している。

(13) ペンローズは、『皇帝の新しい心――コンピュータ・心・物理法則』（林一訳、みすず書房、原著一九八九年・邦訳一九九四年）という分厚い本のなかで、人工知能批判を展開する。ペンローズタイルの図も、この本から引用した。この本は、童話「はだかの王様」（原題：皇帝の新しい服）になぞらえて、人工知能がこしらえた「心」にはなんの実体もないことが、子どものような素朴な指摘によって露呈してしまうのだ、と描いている。

第五章　量子コンピュータに向けて
――物はそこに存在しているか

理解と量子効果

言語の理解には、多義性のある単語の意味を状況や文脈に応じて同定する必要がある。工学的にはそれがきわめて難しい。ではぎゃくに、それが実現したならば、十分に言語の理解ができたと言えるだろうか。哲学者のジョン・サールは表象の操作に終始していては、言語の理解の実感は得られないとして、「中国語の部屋」という想定実験を提示した。(1)

中国語の部屋は、中国語がまったくわからないオペレータが待機する小部屋である。その中には、中国語の大規模な辞書、文法書、用例集など中国語に関するあらゆる文献がそろっている。それらの使い方に関する指示書も完備している。中国語の部屋には小さな窓口があり、そこに中国語で書かれ

(1)　前掲『マインズ・アイ』の第二二章に掲載されている、サール「心・脳・プログラム」を参照されたい。『心・脳・科学』(土屋俊訳、岩波書店、原著一九八四年・邦訳一九九三年)という著書も出ている。

た質問を書いた紙を提出すると、しばらくすると中国語で回答が書かれて戻ってくる。中国人にとって中国語の部屋は中国語を理解しているように感じられる。ところが、オペレータは書かれている質問の内容を理解していない。ただ、中国語の文字を指示書にしたがって書きなおすという、機械的な作業をしているだけである。

理解というものを外面的（二人称的）にとらえれば、中国語の部屋というシステム自体が理解をしているから問題ない、とも言えよう。しかし、理解を実感的（一人称的）にとらえると、中国語の部屋には実感する主体がないように思われる。中国語の部屋は現在のコンピュータのアナロジー（類似物）であり、この実感の不在からサールは、現在のコンピュータモデルを人間の認知の説明に用いるには無理があると主張する。

ではモデルの代替にはどのような可能性があるか。サール自身は「物理的なもの」と言うだけで具体的な提案をしていないが、最近ひとつの可能性として現れたのは量子コンピュータのモデルである。量子コンピュータは計算の原理に量子的拡張を加えたものであり、一定の形式の問題に関する計算速度を飛躍的に上げられる。量子コンピュータのモデルによれば、理解や大局観などの暗黙知の働きを担う人間の身体には量子効果が発生しているが、中国語の部屋のような大規模なシステムでは発生しないなどと、理解が実現できるシステムとできないシステムを物理的に区別できる可能性が生まれる。

時空間の相対性

量子効果について知るには、物理学の歴史を百年ほどさかのぼる必要がある。二〇世紀の初めに、アルバート・アインシュタインが相対性理論を提唱し、物的世界に対するわれわれの見方が一変した。それまで、物体の運動に関する力学と電波や光の挙動に関する電磁気学に不整合があったのを、アインシュタインは光（可視光線も電波も物理的には周波数の違う電磁波であるので、以下「光」と総称する）を絶対視することによって物理学を刷新したのである。その結果、時間の一次元と空間の三次元は、四次元の「時空間」という相対的形式に統合された。

われわれは、空間はどこも一様であり時間も単調に経過すると考えているが、相対性理論によると、それは観測系（ある特定の観測者を時空間の原点においた座標系）によって異なるのだ。たとえば、われわれの観測系から見ると、A地点とB地点で同時に何かが起きたとしても、A地点とB地点を結ぶ方向に高速運動している観測系から見れば、どちらかが先に起きる（時間に前後関係がある）ように見える。そして、これは単に見えるだけでなく、真にそのように相対的なものであるとされる。つまり、空間的に離れた地点での同時性は、特定の観測系でないと意味のない、相対的概念なのである。A地点で起きたことが原因で、結果としてB地点に何かが起きるという事態が、時間の順序関係が反対になって混乱するように思えるが、そうではない。因果関係の作用伝播や観測者の運動が光の速度を超えないので、タイムマシンのような矛盾は生じない。アインシュタインは光の速度を一定に保つために、観測系（の運動速度）によって時間や空間が伸縮すると考えたのである。非常に客観的で絶対的と思われた空間や時間が、見方によって変わるというのは、世界観の革命的な転換であった。

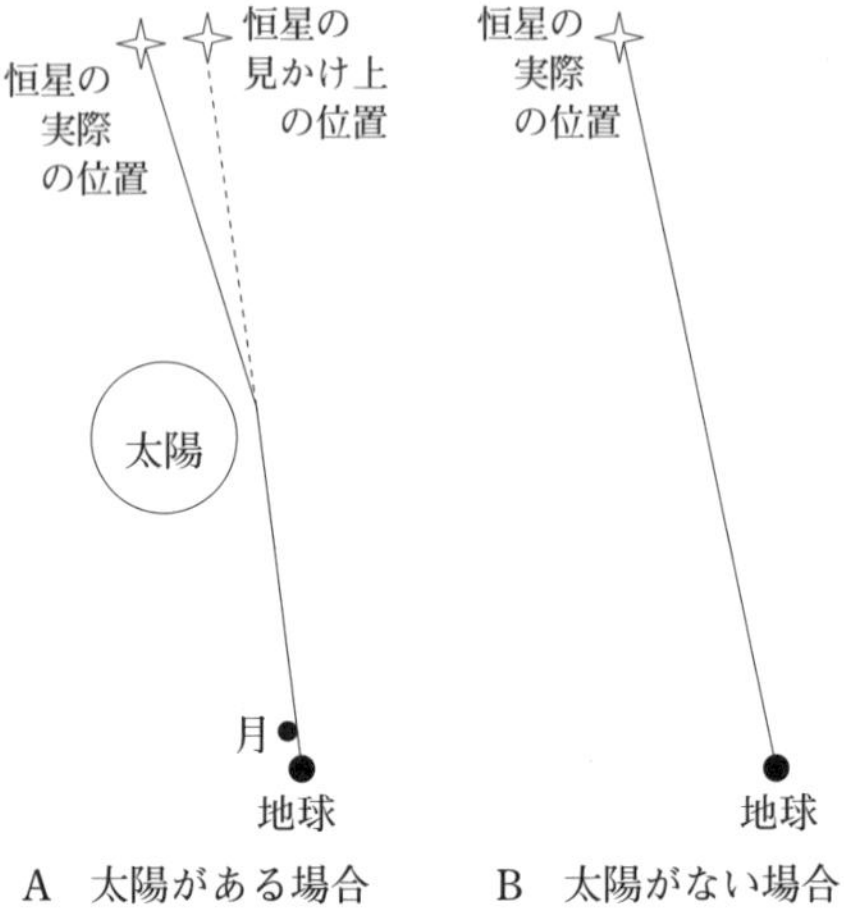

図5―1　太陽による恒星の位置移動

　またアインシュタインは、物体が光速度近くまで加速すると膨大なエネルギーを持ち、それが質量に転化する（重くなる）という関係を導いた（それゆえに物体は光速度を超えられない）。この理論的検討により、光でさえも質量を持ち、太陽のような重量物の付近では、光もそれにひき寄せられて光路が曲げられると予想された(2)。これが実際に、皆既日食のとき（通常時は太陽がまぶしくて観測できない）に太陽の外周付近に見える恒星の位置が、太陽の外方にずれて観測され、理論が実証された（図5―1参照）。

またこの関係式（$E=mc^2$）が、原子核中の質量から膨大なエネルギーをひき出せるという、原子爆弾の着想を生んだのは有名である。

波の性質をもつ粒子

　相対論的な世界は奇妙で納得しづらいが、量子論的な世界はそれに輪をかけて奇妙である。じつは相対性理論までを古典物理学といって、その後を現代物理学（あるいは量子物理学）と呼ぶ。量子的世界の門をたたいたのも、アインシュタインである。アインシュタインは光の研究をする途上で光電効果という現象の適切な説明を見つけた。金属表面に光を当てると電子が飛び出すことがあるが、その運動エネルギーの最大値が光の強さにかかわらず一定なのである。これは光の最小単位は一定のエネルギーをもった粒子（光子と呼ぶ）であることを暗示する。つまり、強い光とはたくさんの光子の集まりであり、たとえ強い光を当てたとしても、金属表面でひとつの電子と相互作用するときは、多数のうちのひとつの光子とだけ相互作用がなされるので、光の強さにかかわらず「得られる電子の最大エネルギーは一定」と説明できる。(3)

光という電磁波の最小単位は光子という粒であったのだ。粒子なのに波のように干渉する（強めあったり弱めあったりする）とはどういうことだろうか。この問題が議論を呼んでいるうちに、ちょうど反対に、粒であるはずの電子に波の性質を帰属させる画期的な理論が現れた。

原子の内部は、正の電気を帯びてかなり重たい原子核の周りを、負の電気を帯びて軽い電子が多数

(2)　じつは、光路が曲げられるという表現は正しくない。相対性理論では、光速度は絶対であるので、光路はまっすぐなのに空間が太陽のほうへ歪んでいるので、光が曲がったように見えていると考える。太陽のような大質量の付近ではどこも空間が曲がっている。これが極端になった空間がブラックホールである。ブラックホールは狭い空間にたくさんの物体が詰めこまれていると言われるが、質量が大きくなったので詰めこめるくらいに空間が伸びたというべきなのである。

(3)　アインシュタインは、相対性理論ではなく、この光電効果を説明する光子の発見でノーベル賞を受賞した。相対性理論は当初からあまりに奇妙な世界を理論的に描写してしまったので、すぐには信じられなかったのだ。

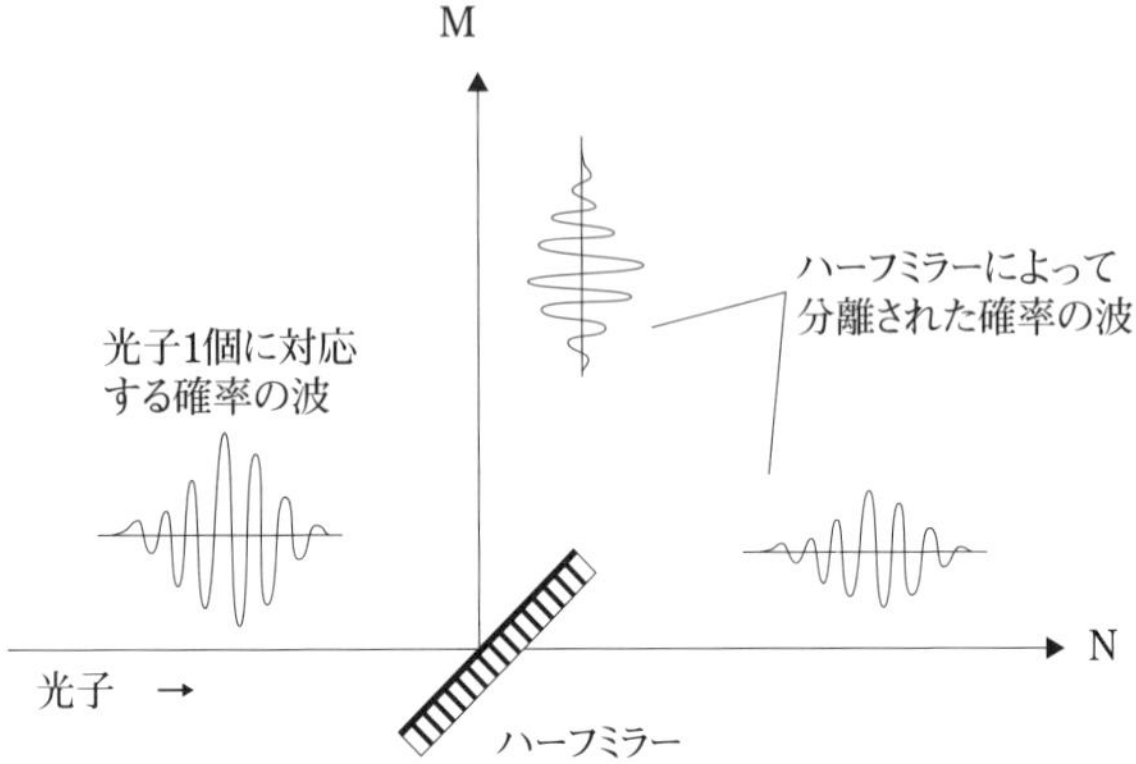

図5―2　光子の存在確率の分離

（原子番号に応じた数だけ）、あたかも太陽を中心にいくつかの惑星が太陽系を形成しているように、回っていると考えられていた。ところが電子は、電気力が引きあっても原子核に落ちこむことなく、原子核から近い順にいくつかの特定の軌道を維持している。この事実を説明するのに、ド＝ブロイは、電子も波の性質をもつので、波が何周もしたら波の山と谷が消しあってしまうような中途半端な軌道を回ることができないと考えた。電子が波の性質をもつという考えは他の実験からも妥当とみなされた。

光が粒の性質をもち、電子が波の性質をもつので、物質のあらゆる最小単位はどれも波でありかつ粒子でもある「量子」と名づけられた。量子の作用を記述する理論である量子力学は一九二〇年代に、シュレーディンガーやハイゼンベルグらによって相次いで定式化された。

奇妙な確率的分身

量子力学の理論の精緻さに対して、それが描く世界は奇天烈である。量子はたとえ一粒であっても、それがもつ位置や運動などのほとんどあらゆる属性が波の性質を呈する。ある属性を観測すると、その波の振幅（複素数表現で絶対値の二乗）に相当する確率で個々の状態が観測される「確率の波」なのである。たとえば図5―2のように、光路にハーフミラー（光を半分透過して半分反射する鏡）を入れて、光の集団をM（反射波）とN（直進波）に、半分ずつふたつの経路に分ける。すると、ある光子一粒は、五分五分の確率でふたつの経路に分けられることになる。ふたつに分かれた経路のどちらか（たとえばMの経路）を観測すると、光子はそこに観測される（Mの経路を通っていた）かされない（Nの経路を通っていた）のどちらかになる。

問題は、観測の直前の光子はどうなっていたかである。ハーフミラーをすぎた「時点」で、その光子は右に進むか左に進むかのどちらかに決定しており、それを「後で」観測するように思う。ところがそうではないのだ。光子の存在位置を決定する確率波は、ハーフミラーを過ぎても左右に均しい振幅でそれぞれ進行し、どんなに空間的に離れても後でそれを鏡で集めて波を干渉させられる。次頁の図5―3Aのように、鏡Mと鏡N、そしてもうひとつのハーフミラーを配置すると、Xに至る光を量子効果でほとんどゼロにできる。Xに至る確率波は、M経由とN経由の二種類があるが、M経由の波は三回反射しているのに、N経由の波は一回しか反射していない。両者の波の山と谷がたがいに打ち消しあい、存在確率がゼロになるように設定できるのである。一方で、Yに至る確率波は両者とも二回反射であり、波の山谷はたがいにそろっており強めあうのである。

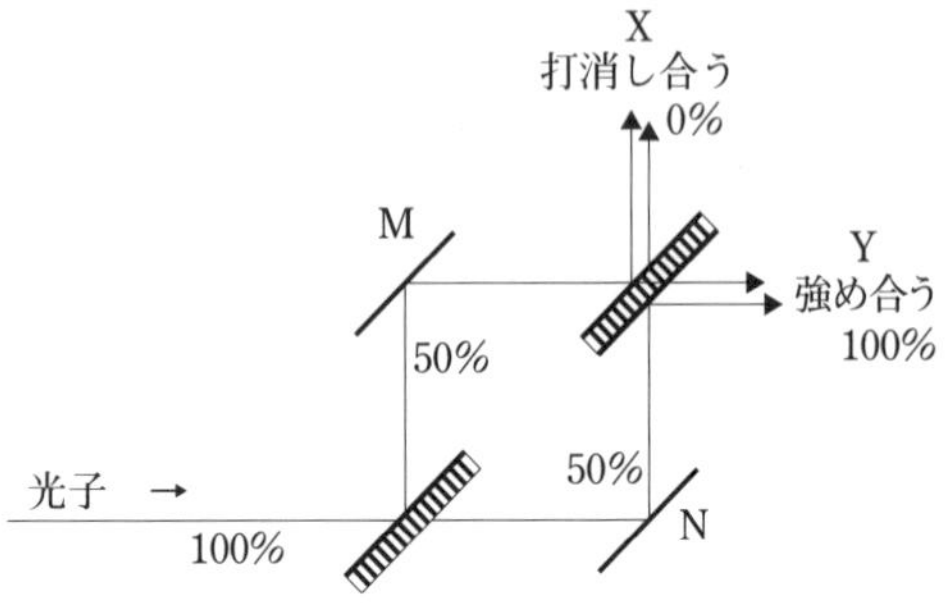

図5―3A　光子の存在確率の干渉

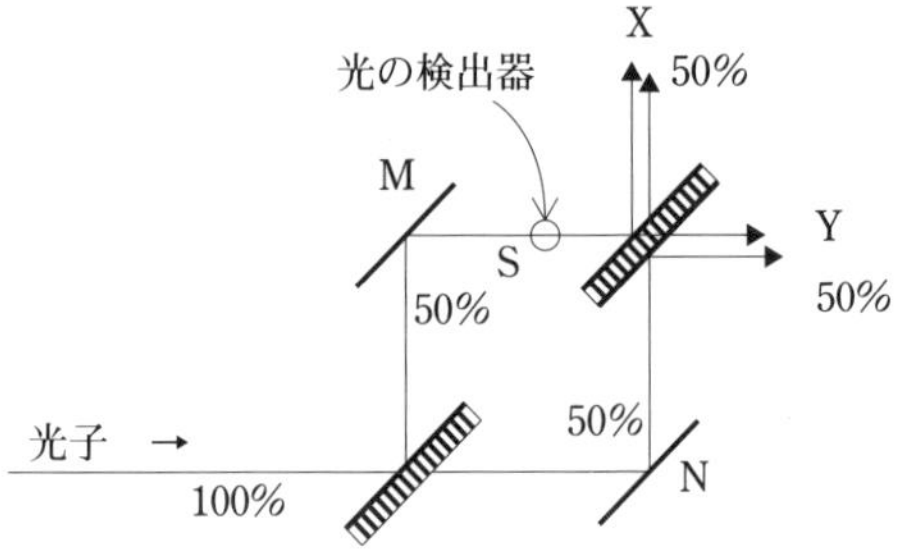

図5―3B　観測による確率の変化

さらに興味深いことには図5―3Bのように、S地点に光の検出器を入れて、光子がそこを通過したかしないかを観測できるようにしておくと、その観測で経路は決定してしまい、干渉はおきないのである。確率波は、M経由（Sを通過した）かN経由（Sを通過しない）のどちらか一方になり、どちらの場合もXとYに均等に光が到達する。おもしろいのは、光子がN経路をとったときは、検出器に何も検出されないのにもかかわらず、Xに光子が観測される確率が、五〇パーセントに上昇するのである。以上のことから、経路の可能性は重合せになっており、観測した時点ではじめて確率的に決定されたと考えるべきなのである。遠くふたつに分かれた確率波は「観測の瞬間」に（波の振幅が予言する確率で）特定の位置に収縮するのだ。その意味で、空間的にふたつに分かれていても、観測するまでは「一体のもの」であると言える。(4)

観測前は確率波が空間的に広がっているなどと、「実在的」に記述すると、確率波の瞬間的収縮という、説明が難しい物理的概念が入ってくるので、問題がある。ニールス・ボーアなどがとったコペンハーゲン解釈は、あらゆる実在的議論を排除することで、理論の整合性を保とうという方針だった。他方アインシュタインは、世界の実在的あり方をうまく描写しない量子力学は不完全にちがいないと量子力学の基本的考え方を受け入れなかった。ところが、量子力学は改訂されぬまま、半導体やレーザー工学などの実用的な応用が理論の正しさをどんどん裏づけるようになった。一九八〇年代には、

(4)　空間的に遠くに分離した量子同士が、スピン特性のみを重ね合わせているという奇妙な事態も起きている。スピンとは、強い磁場中を進行したときに粒子の行路がどちらに曲がるかを示す特性であり、保存則が成立する。つまりスピン0の粒子が分裂すると、スピンがプラス1の粒子とマイナス1の粒子などと、スピンの総和がかならず0になる。そのふたつの粒子が分かれて空間を移動し、かなり遠くの位置にべつべつに存在するとそれぞれ観測されたとする。しかしそれでも、磁場をかけなければスピンについては観測されず、依然として両者のスピンは、どちらがプラスかマイナスかが重合せの状態となっている。このように量子同士が遠隔相互作用の関係になっていることをエンタングルメントという（「もつれあい」とか「からみあい」などと訳される）。これを利用した量子のテレポーテーションも実験されている。『量子が見せる超常識の世界──テレポーテーションから量子コンピュータまで』（日経サイエンス社、二〇〇三年）などを参照されたい。

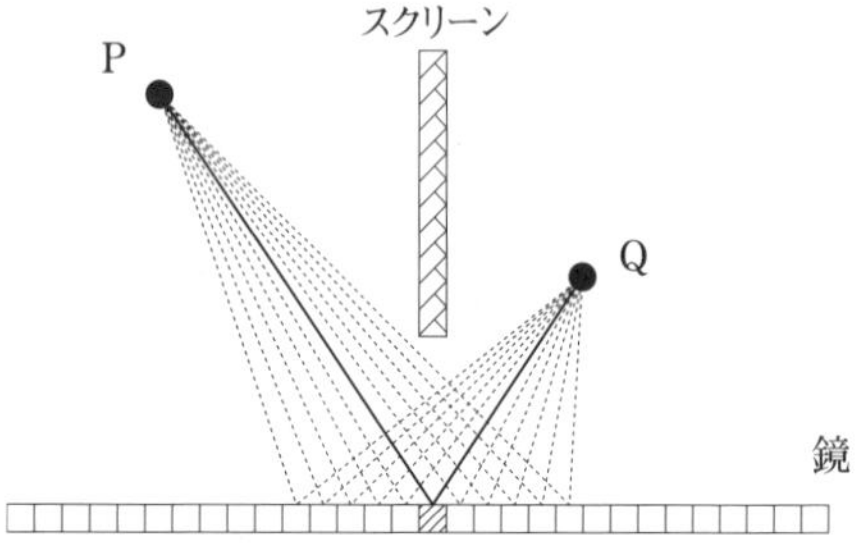

図5―4　鏡による光の反射経路

アラン・アスペによって、ふたつに分かれた確率波が、観測の直前まで遠くにそれぞれあると想定されることが、数メートルという、量子の大きさに比べれば比較的長い距離で検証された。こうした事実は、日常的にわれわれがとる「そこに物がある」という考え方が、量子の領域では少なくとも素朴なかたちでは成立しないことを示している。あくまでも実在的に考えるとすれば、存在の可能性が空間に広く分布しているように考えるべきだとなろう。

リチャード・ファインマンは、量子が多数の経路を同時に試すように見える現象を積極的にとりあげ、理論に組みこんで「経路積分法」を考案した。[5] たとえば、光が鏡によって反射されると、入射角と反射角が等しい位置に到達することが知られている。小学校で習うような経験的事実であるが、この現象はあたりまえとは言えない。なぜなら、鏡の面積が十分に大きいと光は整然と方向をそろえて反射進行するが、面積がかなり小さいと光は鏡の位置で散乱（四方八方へ飛散）してしまうからである。光子一個ならば散乱し、多数が並べば整然と反射するように思われたが、そうではない。光子一個でも鏡が十分大きければ、ちゃんと反射するのである。これをファインマンは次のように説明する。図5－4で点Pから点Qに鏡を経由して至る光子は、鏡のあらゆる点で散乱してくる「可能性」がある。それらはPから別々の（無限個の）確率波に分離して進行するが、Qへ至るまでにそれぞれの進行距離が少しずつ異なる。距離が少し異なる波がたくさんあれば、Qにおける波の山谷がずれて打ち消しあい、光子が存在しなくなる。唯一、PQを最短距離で結ぶ経路（入射角と反射角が等しい経路）は、特別である。というのは、それと少し異なる経路は、いずれも経路が長くなる経路なので、最短経路の周辺では確率波が打ち消しあわずに可能性が残る。結果的にQで観測されるPからの光子は最短経路で鏡を反射してきたと観測される。観測される量子の状態は、量子自身が多数の可能性を吟味したあとの検討結果のように扱える。

観測問題と心の余地

量子は、たとえば右の経路をとる状態と左の経路をとる状態が、可能性の「重合せの状態」になっている。鏡の反射の例では無限個の状態が重ね合わされており、そのうちのいずれかが振幅の確率にしたがい観測される。観測前に可能性が重合せになっていて「観測確率が干渉する」のが量子効果である。観測された後には、われわれの日常感覚にそった、古典的な物理学にしたがうのである。

さらにここで問題になるのは観測である。この観測が何であり、いつ起きるかが標準量子理論から導けないのが問題である。図5―5（次頁）のように、人間にとって観測は一連の作業の総体として

（5）　ファインマンの経路積分法は複雑な量子現象の予測にもっとも貢献する方法である。手軽な解説書にはファインマン『光と物質のふしぎな理論――私の量子電磁力学』（釜江常好・大貫昌子訳、岩波書店、原著一九八五年・邦訳一九八七年）がある。

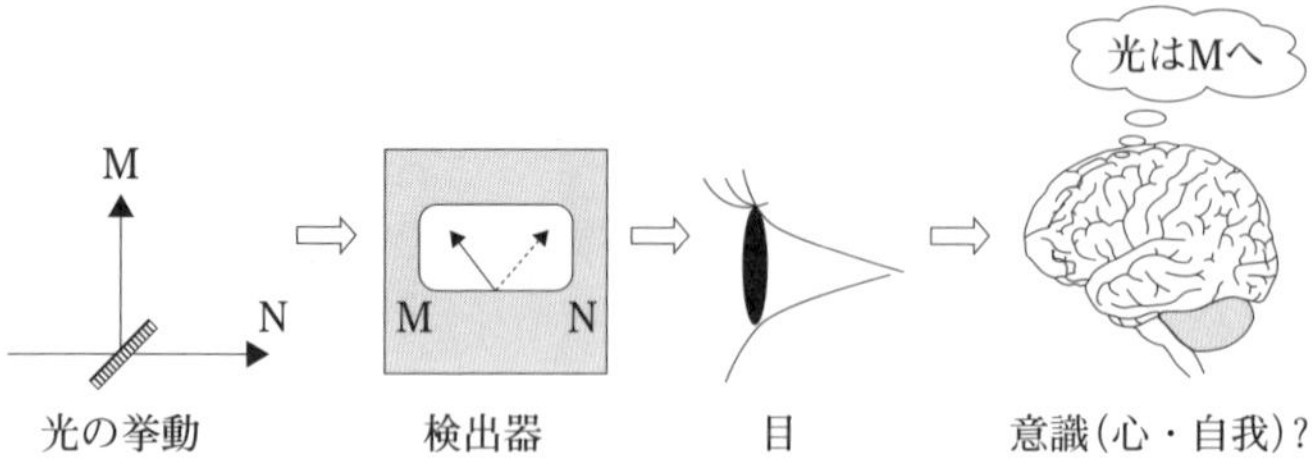

図5―5　観測はどこでおきているか？

の行為である。その行為を分解してみると、量子の検出センサーがあり、そのセンサーの信号を増幅して目に見えるような針の振れにして、それを人間が見て認識するといった段階がある。しかし、検出センサーの内部で量子は、結局のところ他の量子と相互作用をしているのである。ところが量子力学では、量子同士の相互作用は依然として、それらの量子がとりうる状態の組の重合せ（量子のからみあい）になると描写している。量子は他の量子と相互作用しながら、つぎつぎと重合せ状態を形成していく。観測がなされなければ、大きな物体やシステムが、全体として状態が不確定な重合せになっている。検出器の針自体が右に振れるか左に振れるかが重ね合わされて不確定であり、観測者が見たときにどちらかに決定するのかもしれない。唯一、人間の心のみが観測者の地位にあるとすると、針が右に振れたら青酸カリの瓶が割れて近くの猫が死ぬ仕掛けをしておけば、猫は観測者の地位にないので、猫が死ぬか生きるかが重合せになっているのかもしれない。これが「シュレーディンガーの猫」という思考実験であり、こうした観測にまつわる問題が「観測問題」と呼ばれている。(6)

コンピュータの開発にも貢献したフォン・ノイマンは、物理学の内部に、観測される物（状態の重合せになった、からみあった物体群）と観測する物（重合せを解消する作用をするもの）を区別する境界線を合理的に引くことができないとし、境界線を物理学の外部に求め、「抽象自我」という観測主体を想定した（『量子力学の数学的基礎』一九三二年）。物理学者のウィグナーやホイーラーも、人間がもつ「意識」のみが観測の役割をするという過激な主張をしている。心が観測に関与するからこそ、世界はわれわれになじみのある古典的世界になるのだという。(7)

先に紹介した、ビッグバン宇宙論の権威であるロジャー・ペンローズは、相対性理論と量子理論を統合した量子重力理論が完成した暁には、観測の境界線を合理的に引くことができ、そこに心が機能する水準が現れると予言する。ペンローズの予言の正否は別にして、観測の問題は物理学（物の世界

(6)　観測問題の一般的解説書は数多い。よく整理されている著作として、ニック・ハーバートの『量子と実在——不確定性原理からベルの定理へ』（林一訳、白揚社、原著一九八五年・邦訳一九九〇年）を、最近のトピックを知るには、アミール・アクゼル『量子のからみあう宇宙』（水谷淳訳、早川書房、原著二〇〇一年・邦訳二〇〇四年）をすすめておく。よく「シュレーディンガーの猫は半死半生の状態になっている」と表現されるが、「死んでかつ生きている状態」という過度に実在的イメージをいだかせるので不適当である。正しくは「死んでいる確率と生きている確率が半々の状態」であり、この確率の重合せ状態をどのようにとらえるかは、哲学的課題である。

(7)　そもそも重合せが起きていないとするエヴァレットらの説もある。個々の状態は重ね合わされずに、別々の異なる世界に分岐しているという多重世界仮説である。「私の意識」はそのうちのひとつの世界にあるので、私の意識が観測して可能性が決定されたように見えるのである。多重世界仮説は理論的な整合性は高いが、無限（の無限乗くらいに多数）に分岐する世界と、分岐した世界において私の意識のみが固有であるという「独我論」とを容認せねばならないので、なかなか信じられない。

の記述）に外部の世界（ことによると心の世界）の存在を示唆することになった。(8)

量子コンピュータの可能性

ペンローズの予言によると、量子重力理論が完成し、それにもとづく量子コンピュータを開発したならば、人間の心が機械によって実現できるという。またぎゃくに、現在のコンピュータでは、人間の心は実現できないとも主張している。(9)ペンローズに言わせれば、現在の量子理論にもとづくコンピュータでも心の実現には不完全なのだろうが、鋭意進められている量子コンピュータの研究開発では、すでに計算量の面で興味深い成果が得られている。

現在の量子コンピュータの原理となる量子チューリングマシンを定式化したのは、デイヴィッド・ドイッチュで一九八五年のことである。(10)デジタル信号の0と1のビットに対して、量子チューリングマシンでは0と1が重合せになっている状態を表現する「キュービット」を扱う。nビットの情報が2のn乗通りのうちの特定のひとつを表すのに対し、nキュービットには2のn乗通りのすべての状態が含まれている。理論的にも量子チューリングマシンはチューリングマシンの万能性をひき継ぐことが証明され、発展が期待されている。

量子コンピュータの意義が再認識されたのは、ショアによる素因数分解の量子アルゴリズムの発見（一九九四年）であった。大きな整数を小さな素数の積で表す素因数分解は、対象の整数が大きくなればなるほど膨大な計算量を必要とするので、インターネット上の暗号通信に使われている。ショアのアルゴリズムは、量子の重合せ効果を利用して物理系を組み、分解された素因数に対応する観測値が観測される確率を、飛躍的に高めるものである。確率的であるので、確実に解が求まるわけではないが、得られた解が素因数かどうかはすぐに調べられるので、まちがっていれば再度くり返せばよい。理論上、素因数分解の計算量が、現実的な時間内に完了する程度にまで削減される。

現在試作中の量子コンピュータは幸か不幸か、ごく小さな整数の素因数分解にとどまっている。これは、物理系のなかで反応させる量子群を長期間にわたって重合せ状態に維持するのが、まだ技術的に難しいからである。量子コンピュータがもし実用化されたら、現在の暗号通信が危機にさらされる

(8)　ペンローズの量子重力理論の展望は、前掲『皇帝の新しい心』に詳しい。彼はさらに、続編にあたる『心の影——意識をめぐる未知の科学を探る』(林一訳、みすず書房、原著一九九五年・邦訳二〇〇一年)の最終章で、心身二元論にイデア界を加えた三元論的世界観を提唱している。

(9)　前掲『皇帝の新しい心』で、ペンローズが現在のコンピュータの限界としている点は、論理学の原理にある。(述語)論理学では、ゲーデルによって不完全性が示されている。これは「クレタ人がクレタ人はうそつきだと言った」などの自己言及文に相当する矛盾が、自然数の体系などのごく一般的な体系で現れてしまい、真であるにもかかわらず、証明できない命題が発生してしまう問題である。詳しくは、廣瀬健・横田一正『ゲーデルの世界——完全性定理と不完全性定理』(海鳴社、一九八五年)などを参照されたい。

(10)　量子コンピュータについては、西野哲朗『量子コンピュータ入門』(東京電機大学出版局、一九九七年)や細野暁夫『量子コンピュータの基礎』(サイエンス社、一九九九年)などを見よ。ドイッチュは『世界の究極理論は存在するか——多宇宙理論から見た生命、進化、時間』(林一訳、朝日新聞社、原著一九九七年・邦訳一九九九年)で、量子の多重性をもとにした宇宙論が、現在の量子論と計算論と進化論と認識論にまつわる諸問題を一挙に解決すると豪語している。

ので、早急に方式の変更を検討せねばならない。しかしそれ以上に、これまで計算量の問題で解決不能になっていた諸問題に解決への道すじが見えてきたのが大きな成果である。将来、人工知能の開発に量子コンピュータが貢献し、チューリングテストをクリアするコンピュータが現れるかもしれない。

まとめ

計算量の問題を技術的に解決する方策に量子効果が現れた。現代の物理学は、相対性理論による「時空間が観測系によって変化する」といった奇妙な事実の判明から、われわれの日常的見方を超えた世界観を提供しはじめた。あらゆる物質の根源である量子は、可能性の波であり、相互作用のたびに可能性が組合せ的に重ね合わされる。その重合せは、観測時に、振幅が与える確率にしたがってどれかひとつに確定する。確定前は、あらゆる物体のとり得る可能性が空間的に広がっており、この量子効果から、物体自身がたくさんの可能性を一気に調べるとも言える現象が起きる。また観測とは何かという問題から、観測主体に相当する「心」という概念が導入できる余地が示唆された。心の機能は量子効果に伴い発生し、ことによると量子コンピュータで心が実現されるのかもしれない。

第六章　世界のなかに生きるロボット
――心はどこにあるのか

心のありか

前章で述べたように量子理論は、第一に、心を観測主体として物理的にとらえる糸口を与えた。この糸口には賛否両論があり、物理学のなかでも論争中である。だが、われわれがよく耳にする「心はどこにあるのか」という疑問については、解答へのひとつの方向性を提示しているように思う。

「どこ」という疑問は空間的位置を示しており、前章で議論したように、空間とは物的世界の概念である。だから、心が物の世界の外部にあるとすれば、その「位置」を問うのは意味がない質問のはずである。それでも日常われわれが「心はどこにあるのか」という問いに違和感を感じないとすれば、そのときわれわれは、心は客観的で物の世界に位置づけられるという、唯物論の前提にすでに立っているのかもしれない。少なくとも、心に独自の世界を認める二元論でありながら、心の性質については、空間的位置という物的世界の典型的性質を導入してしまう、きわめて貧弱な発想をしていることになる。

もちろん、心に脳が「必要」だから、脳を心の座として認めることを、心の所在におきかえて考えることは一理ある。だが、われわれの心の所在にかんする感覚は、脳が心の座であることに起因しているのではない。ヒラリー・パトナムは、「水槽の中の脳」という思考実験で、もし脳が心のありかだとすると、われわれの感覚とずれた例外的な事態がおきても不思議ではない、と指摘した(1)。事故で頭蓋骨に損傷を負った患者が、昏睡状態のうちに頭蓋骨から脳を取り出される。脳は水槽で培養状態になるが機能はしっかり維持され、脳への神経の入出力は、無線信号で患者の頭部から水槽へ、また水槽から頭部へと送受信される。患者は目覚め、以前と変わらない生活を始める。心は身体（頭部）にあるように感じるが、じつは脳は水槽の中にあるのだ。

われわれはよく身体の位置に心を感じるが、それ自体が社会的な必要性にせまられた一種の幻想かもしれない。筆者らが行った「心の部屋」実験もそれを裏づけている。心の部屋とは、天井部分に部屋の中を撮影する監視カメラを設置し、そこからの映像が部屋内に無線配信される部屋である。被験者はゴーグルタイプの映像表示装置をかけて、その部屋で作業する。つまり、つねに天井から自分の身体を見下ろした視点で生活するのだ(2)。多くの被験者は数時間順応した後に、自分が身体感覚の位置に存在するか視点の位置に存在するかがあいまいに感じられたり、両方の位置の感覚がすばやくスイッチしたりすると報告する。

つきつめて考えれば、心の概念に位置は不要であろう。それでも、心のありかに一定の意義が感じられる場合がある。そのときわれわれは、「便利な位置」に心を想定しているだけなのではなかろうか。とくにコミュニケーションの過程で、相互に相手の心を感じるときは、相手の身体位置に心を想定しがちであるし、自分の身体を動かすときは自分の身体の位置に心を想定するのが、理にかなっているのである。

孤立的存在から全体的存在へ

さて、量子理論が浮き彫りにした第二の概念に話題をうつそう。それは量子効果による重合せ状態がもたらす革新的な概念であった。われわれの日常的感覚とは異なり、物体とは孤立して存在するのでなく、量子的にかかわる他の物体とからみあって一体化した全体的存在としてとらえるべきであると、主張されるのである。(3) どこまでの範囲で全体的存在となるのかもまた、物理学的議論があるとこ

(1)　前掲『マインズ・アイ』の第一三章には、「水槽の中の脳」について、デネットによるSF調の示唆的な話がのっている。パトナムの議論については『理性・真理・歴史――内在的実在論の展開』(野本和幸・中川大・三上勝生・金子洋之訳、法政大学出版局、原著一九八一年・邦訳一九九四年) を見よ。
(2)　人工的な「幽体離脱」が起きたと想像すると理解しやすいだろう。詳しくは、水本正晴・石川幹人「心の部屋プロジェクト――視点変換実験の試み」(『科学基礎論研究』、第九八巻二号、二〇〇二年) を参照されたい。
(3)　しかし、現在の量子コンピュータの開発が苦労している点は、一体化した存在 (からみあい状態) がそれほど広い範囲までにはおよばないことである。それでも、心的機能を実現する理論に量子効果をもちこむ試みがなされている。ダナー・ゾーハー『クォンタム・セルフ――意識の量子物理学』(中島健訳、青土社、原著一九九〇年・邦訳一九九一年)、治部眞里・保江邦夫『1リットルの宇宙論――量子脳力学への誘い』(海鳴社、一九九一年) などを見よ。

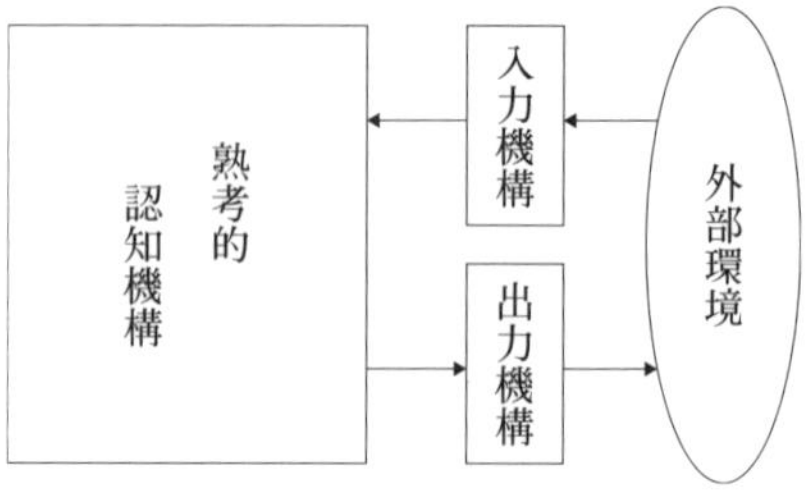

図6―1A　三項図式による認知モデル

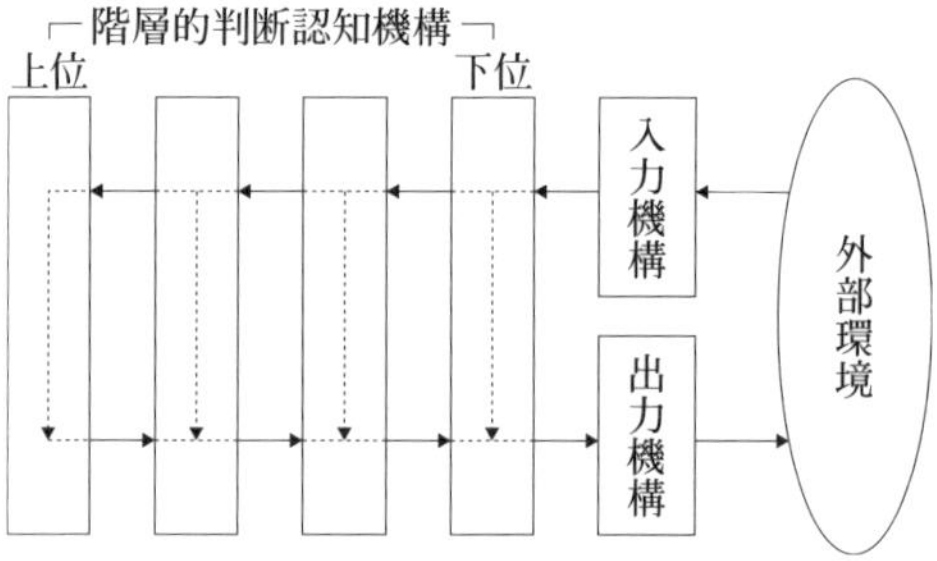

図6―1B　包摂アーキテクチャーによる認知モデル

ろである。だが物理学の議論とは別に、この全体的観点こそが、近年の認知科学研究のキーワードになっている。

認知科学の当初の基本モデルは、図6－1Aに示すような三項図式（図3－1を簡略化したもの）であった。それは、①外部の情報を感覚器官から取り入れ、②内部で推論判断し、③運動器官によって外部へと働きかけるといった手順の図式になっていた。現在の外部環境から別な環境へと移動できるようにあらゆる知識を有するという、孤立した認知主体のモデルであり、伝統的な認知科学のモデルは、この図式を踏襲していた。ところが、推論判断の状況性や知識の社会性が問題となると、孤立型モデルから環境埋込み型モデルへと変化が見られるようになった。よく考えてから判断する、頭でっかちで考えこみがちな孤立型モデルよりも、環境に即応し、機動的な特徴をもった環境埋込み型モデルのほうが、場合によってはうまく対応できるのである。この傾向はロボット開発でとくに顕著になった。

ロボットの研究者であるロドニー・ブルックスは一九九〇年代に、「サブサンプション（包摂）アーキテクチャー」と呼ばれるコンピュータの構成法を提案した。(4) 外界に適応して判断し行動を引きおこすモジュールが階層的に用意され、上位モジュールが下位モジュールを包摂するのである（図6－1B）。下位モジュールは外部状況に応じたすばやい判断にもとづいて行動するが、予想外の事態になったら上位モジュールがそれへの対応を計画し、行動を改めるといった具合である。通常はまっすぐ歩き続ける（下位モジュールの機能）が、障害物に当たったらそれを回避する動作を行う（上位モジュールの機能）といった、ロボットの行動実現に最適である。

人工知能の目標も、何でも解決できる万能の知能から、エキスパートシステムのように特定の状況での課題解決を目指すようになった。そうした人工知能の実現は、行動主体をそれが置かれた環境を含めた全体としてとらえる考え方を基盤にしている。つまり、どんな外部環境でも対応できるような記述を、万能なモデルとして主体内部にもつのではなく、特定の種類の外部環境に対応した個別的な仕組みのみを内部に備え、環境の変化についていは外在的な事物に連関して対応していくという考え方である。環境と主体とを、それらの間の循環的な相互作用を含めて、全体的「システム」ととらえる

(4) ブルックスは、自身のアプローチを「表象なしの知能」と銘打って、表象計算にもとづく人工知能の本流に対して批判的に活動した。刺激と反応の組でのみ行動を説明する行動主義心理学と類似した発想である。だが、現実のロボット設計には表象計算が欠かせず、「表象ありの包摂アーキテクチャー」のほうが工学的には実用的であった。人工知能開発の包括的な解説にはスタン・フランクリン『心をもつ機械——人工知能の誕生と進化』（林一訳、三田出版会、原著一九九五年・邦訳一九九七年）を参照せよ。

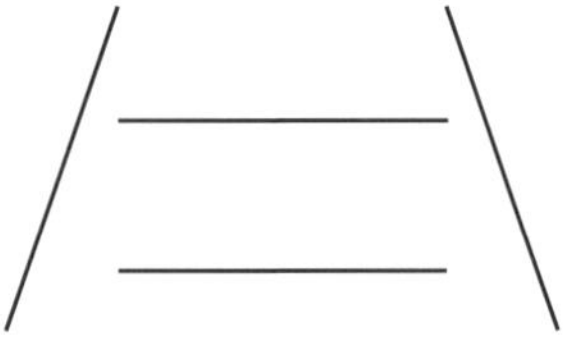

図6―2A　ポンゾー錯視

図6―2B　見えない辺によるポンゾー錯視

のである。[5]

認知の環境依存性

考えてみると、われわれ自身の認知形態もわれわれの生きる環境に深く依存している。図6―2Aは、ポンゾー錯視として知られる図形であるが、ハの字の下の横棒二本は、同じ長さなのにもかかわらず、上の方が長く見える。錯覚が起きる原因は遠近感である。ハの字が地平線までのびる鉄道の線路、横棒が枕木だと考えれば、上の横棒のほうが見かけは短いはずである。もし見かけが同じ長さならば、上の横棒のほうが「本当は」長いと考えられるのである。さらに図6―2Bでは、なんと（カニッツァの三角形の）描かれていない二辺が、ポンゾー錯視を引きおこしている。錯覚は、けっしてわれわれの視覚が劣っている現れではなく、われわれが積極的に遠近や前後関係を見ようとする行為の副作用である。[6] これは、空間という環境のなかで効率よくふるまえるように、われわれに備わった能力であると言える。

視覚の空間把握能力を三項図式で考えると、なかなか難しい面が見えてくる。というのは、われわれの網膜上の画像は平面図形であり、空間の三次元情報はいったん二次元情報に落ちてしまう。そこから三次元に再構成せねばならず、多くの解釈の可能性が生まれてしまう。(7) そこで、空間をいちいち把握・解釈するのでなく、空間のあり方とわれわれのそこへの関与が、われわれの視覚を介して共働するという見方がより生産的なのである。

この見方をより徹底したのが、ギブソンの生態学的視覚論である。(8) ギブソンによると、われわれ生物の視覚は、環境を見て内部で解釈するのではなく、環境にある情報に即応している。この過程は、あたかも解釈済みの情報が外在しているかのように働く。個人を超えた人間という種の意味づけや価

(5)　このようなシステムの考え方については、古くは一七世紀のライプニッツまでさかのぼれるが、現代の理論を築いたのはフォン・ベルタランフィー（一九四五年）である。ベルタランフィー『一般システム理論』（長野敬・太田邦昌訳、みすず書房、原著一九六八年・邦訳一九七三年）を見よ。システム論は、情報工学の分野では、ネットワークシステムや金融システムなどさまざまな応用分野に展開されている。

(6)　視覚心理学の解説には、リチャード・グレゴリーの『見るしくみ——目と脳の生理学』（船原芳範訳、平凡社、原著一九六六年・邦訳一九七〇年）が有名で、世界的なロングベストセラーになっている。

(7)　これは前に述べた「言語の多義性」に通じる現象である。事実、画像の認識においても、状況や文脈への依存性、社会的な知識の関与が見られる。ロバート・ソルソ『脳は絵をどのように理解するか——絵画の認知科学』（鈴木光太郎・小林哲生訳、新曜社、原著一九九四年・邦訳一九九七年）を見よ。

(8)　ジェローム・ギブソンの主著『生態学的視覚論——ヒトの知覚世界を探る』（古崎敬・古崎愛子・辻敬一郎・村瀬旻訳、サイエンス社、原著一九七九年・邦訳一九八五年）は比較的古いが、最近になって注目しなおされ、日本語の解説や研究書も多くでている。たとえば、佐々木正人・三嶋博之編『アフォーダンスの構想——知覚研究の生態心理学的デザイン』（東京大学出版会、二〇〇一年）、境敦史・曾我重司・小松英海『ギブソン心理学の核心』（勁草書房、二〇〇二年）などがある。

図6―3A　時計回りをアフォードしないドアノブ

図6―3B　時計回りをアフォードするドアノブ

値づけが、客観的に環境に実在していると考えるのである。木を切り倒したら、切り株が椅子となって立ち現れてくるといった具合である。

ギブソンは、環境から主体への意味伝達に「アフォーダンス」という言葉をあてた。外部の事物が主体に対して、生物種固有の活用法や意義を「アフォード（提供）」するのである。たとえば、図6―3Aは古いタイプのドアノブであるが、これではノブを回転させる必要性がわからない。回転させると知っても、右に回せばいいのか左に回せばいいのか判然としない。それに対して図6―3Bの新しいタイプのドアハンドルであれば、ハンドルに手をかけたときに手の重さで下方向に自然に回転する。ドアハンドルが下向きの回転を「アフォード」しているのだ。これは人間の手とドアのデザインが調和している、言いかえれば、身体行為と住環境が良好な関係にシステム化しているのである。

現在、ギブソンの提案は視覚に限らず広く展開し、「生態学的心理学」と呼ばれる。環境とは、生物種によって相対的であり、同時に特定の種にとっては、絶対的な意味をもつのである。ゆえに、特定の種を論じる場合はその環境を含めたシステムとして扱わねばならない。心の形成に身体だけでなく環境も必要とするならば、心は環境へと広がっているという世界観もうなずける。(9)

身体性と世界への関与

三項図式に疑問が呈され、「人間にとっての環境」を把握することの重要性が指摘されると、人工知能の研究には身体研究が不可欠であるという認識が高まった。人工知能の基本技術開発に画像認識があるが、これがかなり難しい。日常の画像から遠目に物体を認識しようとすると、テレビと電子レンジも区別がつかないことがよくある。人間をふり返れば、こうした区別は最終的には「行為による認識」で達成しているのがわかる。つまり、判然としないときは近づいていってあらゆる角度からよく調べ、ときには使ってみることで識別するのである。行為には身体が必要であり、身体のあり方で環境(の見え)が異なる。また、人間のような身体がなければ、前後という概念や、塀や檻などという概念も理解できない。こうして人工知能の開発は、まず人間のような身体をもつロボットを開発するという、心の構成の前段階にとりかかることとなった。

哲学者のヒューバート・ドレイファスは早くから人工知能に対し疑問を感じ、批判を述べていた。

(9) 河野哲也は『環境に拡がる心——生態学的哲学の展望』(勁草書房、二〇〇五年)で、生態学的世界観からの心を「淡い主体」と名づけ、これまでの個体主義的主体の把握を批判的に議論している。

神のように万能なコンピュータを作ろうというのは、かねてより見こみのない形而上学的な挑戦として、現代の哲学分野でしりぞけられてきた思想に相当したからである。[10] ハイデガーなどの実存主義哲学によれば、われわれは世界内存在であり、世界から切り離した「透明な」存在ではありえないのだ。人工知能研究は、心をもつコンピュータを目指した開発をとおして、哲学分野の歩みを実証的になぞっていったとも言えよう。

人工知能研究のもうひとつの展開は「人工生命」である。[11] 人間の知能の理解に、人間の身体や行為を介した生態学的な環境についての理解が必要であれば、これはかなり挑戦的な難題になってしまう。そこで、昆虫などの比較的単純な生物をとりあげ、そうした生物と環境との関係をシステムとしてモデル化する。ここで重要になる概念は進化である。生物種は環境の変化に適応して、さまざまに身体や行動を変化させ生存競争を生き抜いていく。単純な生物から複雑な生物へと進化するさまを解明していけば、やがて人間知能の理解へと至るではないかとみなされる。こうして認知科学研究は、認知モデルの研究から始まり、生態学的なシステムモデルや進化モデルの研究へとすそ野を広げることになるのである。

まとめ

量子理論は、物の世界に関するわれわれの素朴な認識が一面的であり、物自体が確率論的に分布した不確定で一体化した奇妙な存在であることを示した。日常的にわれわれが描く心の世界の描像も、心のありかなどを問うときには物の世界の素朴な観念にとらわれている。心は全体的性格をもち世界へと広がっているなどと、物と同様、心についても新たな角度で考え直す必要がある。人工知能研究ではすでにそうした兆しが現れており、ロボット研究や人工生命研究へと展開している。世界内存在であるわれわれ人間の解明には、われわれの身体や行動をとおした環境との関係をシステム論的に把握する必要がある。それを円滑に進めるには、身体をもって環境へと働きかけるロボットの制作を試みるべきであるし、行動主体と環境との関係がつくられる進化の過程を、単純な人工生命の段階から順を追ってとらえるべきである。

(10) ドレイファス『コンピュータには何ができないか――哲学的人工知能批判』(黒崎政男・村若修訳、産業図書、原著一九七二年・改訂一九七九年・邦訳一九九二年)を参照されたい。

(11) もっとも簡潔な人工生命の例は自己増殖をするだけの人工的な情報パターンである。スティーブン・レビー『人工生命――デジタル生物の創造者たち』(服部桂訳、朝日新聞社、原著一九九二年・邦訳一九九六年)などを見よ。より複雑な人工生命の実現は、ロドニー・ブルックス『ブルックスの知能ロボット論』(五味隆志訳、オーム社、原著二〇〇二年・邦訳二〇〇六年)にある。この本の前半は楽観的に書かれているので、技術の限界を語る第九章まで読まないと誤解が残る。

第Ⅱ部　コミュニケーション器官としての意識

第七章　生物進化の構図

――心はいつ現れたのか

進化の現代総合説

「進化」という言葉は、よく知られるように、チャールズ・ダーウィンが一八五九年に出版した『種の起源』に端を発する。このなかで彼は、生物は単純な動物（いわゆる下等動物）から複雑な動物（いわゆる高等動物）へと「進化」してきたと論じた。生物の歴史を神による創造から解放し、生物とは遺伝と変異によって祖先の特性をひき継ぎながら徐々に変化するとしたのだ。その後、遺伝と変異のメカニズムは、DNAの発見によって、分子レベルの遺伝情報の発現と複製として理論的に整備され、進化の現代総合説となった。

DNA（デオキシリボ核酸）は、糖の分子が（リン酸結合で）多数連なった鎖状の高分子で、個々の糖には塩基が結合している。この塩基にはA、T、C、Gと呼称のついた四種類があり、どれもほぼ等しい頻度で出現する。DNAを構成する糖のそれぞれには、四種類の塩基がどれも等しく結合する可能性があるので、A、T、C、Gの配列並びが一連の情報を表現できる。遺伝情報の表現は、DNA上で「どの塩基が結合してもよい」という自由さの上に成立している。一般に、情報表現（ソフトウェア）の水準は、いくつかのパターンを等確率で表現できる物理系（ハードウェア）のうえに設定される。(1)

このように遺伝情報が表現されていると、DNAは1塩基ごとに2ビットの情報量を有することになる。1ビットは五分五分を指定する情報量であるが、A、T、C、Gの等確率四者択一は2ビットである。というのは、A／T、C／Gのどちらかであると五分五分で決まり、A／Tと決まったならば、AあるいはTのどちらかに五分五分で決まる、という具合に、2段階の五分五分で決定されるからである。(2) われわれの身体を構成する個々の細胞の核には、それぞれDNAが四六本（二三対の染色体）格納されている。細胞はどれも同一のDNAセットをもっており、一細胞で情報を担う塩基の総数は約三〇億にのぼる。この情報量は約六〇億ビット＝六ギガビットであるので、8ビットが1バイトであることを換算すると、1ギガバイト弱となり、最近のICメモリの容量に相当する。

DNAの遺伝情報は受精卵から細胞分裂ごとに複製コピーされるので、個々の細胞は同一の情報をもつのだが、情報の読み出しのほうは身体のどの位置の細胞であるかによって異なる。それによって、身体の細胞はそれぞれの機能を果たす（分化する）ことができる。遺伝情報は、開始と終了を表す一定の塩基配列ごとに「遺伝子」と呼ばれる一単位になっており、ひとつの遺伝子の情報が通常タンパク質一種類を指定している。(3) 遺伝子が読み出される（発現する）と、対応したタンパク質がたくさん

郵便はがき

恐縮ですが切手をお貼りください

112-0005

東京都文京区
水道二丁目一番一号

勁草書房
愛読者カード係行

(弊社へのご意見・ご要望などお知らせください)

・本カードをお送りいただいた方に「総合図書目録」をお送りいたします。
・HPを開いております。ご利用ください。http://www.keisoshobo.co.jp
・裏面の「書籍注文書」を弊社刊行図書のご注文にご利用ください。より早く、確実にご指定の書店でお求めいただけます。
・代金引換えの宅配便でお届けする方法もございます。代金は現品と引換えにお支払いください。送料は全国一律300円(ただし書籍代金の合計額(税込)が1,500円以上で無料)になります。別途手数料が一回のご注文につき一律200円かかります(2005年7月改訂)。

愛読者カード

19941-9　C3311

本書名　シリーズ認知と文化 5
心と認知の情報学

お名前《ふりがな》　　　　　　（　　　歳）

ご職業

ご住所　〒　　　　　　お電話（　　　）　　－

本書を何でお知りになりましたか
書店店頭（　　　　　　書店）／新聞広告（　　　　　　新聞）
目録、書評、チラシ、HP、その他（　　　　　　）

本書についてご意見・ご感想をお聞かせください。なお、一部を HP をはじめ広告媒体に掲載させていただくことがございます。ご了承ください。

◇書籍注文書◇

最寄りご指定書店

市　　町（区）

書店

（書名）	¥	（　　）	部
（書名）	¥	（　　）	部
（書名）	¥	（　　）	部
（書名）	¥	（　　）	部

※ご記入いただいた個人情報につきましては、弊社からお客様へのご案内以外には使用いたしません。詳しくは弊社 HP のプライバシーポリシーをご覧ください。

の個数合成される。人間の場合、ＤＮＡ上には数万個の遺伝子が存在し、身体のどの位置の細胞であるかによって周辺の化学物質の存在率が違うので、数万種類のタンパク質から選択的に読み出され、数千種類以上のタンパク質がそれぞれ合成される。そのタンパク質によって身体が構成され身体機能が形成・維持されている。また細胞周辺の化学物質の存在率もタンパク質によって決まるので、遺伝子の発現は遺伝子によって決まるという循環的なシステムとなっている。遺伝子上の情報表現を「遺伝子型」、遺伝子によって実現される身体の構造や機能、さらには行動形態までを「表現型」と呼ぶ。

進化とは、生物が世代交代するにしたがって、環境によりよく適応する表現型をもつ生物種が生まれることである。通常は、環境に適応した個体が生まれ、その個体の表現型が生存競争をとおして「選択」され、その種全体に広がっていくと考える。現代総合説ではさらに、世代交代のなかで絶えず遺伝子型に起きている「突然変異」から、たまたま環境に適応する表現型が生まれ、それがまた世

（1）　ＤＮＡの分子構造を発見したのはワトソンとクリック（一九五三年）であるが、遺伝情報がなんらかの自由さをもつ「非周期性結晶」上に表現されるにちがいないと指摘したのは、量子力学の創始者であるアーウィン・シュレーディンガーである。彼の『生命とは何か——物理的にみた生細胞』（岡小天・鎮目恭夫訳、岩波書店、原著一九四四年・邦訳一九五一年）を見よ。

（2）　0と1の二進数（デジタル）表現に転記すると、Ａ＝００、Ｔ＝０１、Ｃ＝１０、Ｇ＝１１などとそれぞれ2文字で表記できることからも、2ビットと了解できる。

（3）　一応、タンパク質へと「翻訳」されるＤＮＡ部分が「遺伝子」とされているが、核酸の断片へ「転写」された状態で調節機能などに関与する場合がある。そうした、タンパク質には翻訳されないが一定の機能を担うＤＮＡ部分も含めて、「遺伝子」と考えるほうが合理的である。

代交代を経て「自然選択（自然淘汰）」されると考える。現代総合説が強調する点は、後天的に獲得された表現型の変化は進化に寄与しないという点である[(4)]。たとえば、進化によってキリンの首が長くなったのは、高いところの餌をとる行為によって首の筋肉が成長したからではなく、遺伝子型の突然変異でより首が長いキリンがたまたま生まれ、その個体が生存上の利益を享受できてたくさんの子孫を残せたから、と解釈される。個体が生存する間、祖先からひき継がれた遺伝子は生殖細胞のなかに保存されているので、個体の経験が遺伝情報になって遺伝子型に記録される生物学的メカニズムは、とてもありそうもないと思われるからである。

生物進化のもっとも実用的な応用は、生物個体と、その個体の生活環境との相補性の利用である。進化の原理によれば、生物個体（あるいはそれを決定づける遺伝情報）は、生活環境に適応しているので、生物個体がわかればそれを手がかりに生活環境がわかり、ぎゃくに生活環境がわかれば生物個体がわかる。魚の体色の例で説明しよう。一般に魚は、その背側は暗色であるのに対し、腹側は白色である。それは、捕食者からのカモフラージュの結果であると考えられる。暗い海底を見下ろす上部からの捕食者から見れば背側が暗いほうが目立たないし、明るい海面を見上げる下部からの捕食者からみれば腹側が明るいほうが目立たない。だから、背側は暗色で腹側は白色の魚ばかりが多く存在するのである。この原理から、網で魚を捕った中に背側も腹側も同色の魚がいれば、たとえば直立して泳ぐ魚ではないかと推測できる。また、捕食者がいない、閉鎖された湖で古くから生活している魚は、背側も腹側も同色ではないかと推測できる。

生物個体と生活環境の境界はどこであるかは若干の議論がある。生物体のボディだけでなく、遺伝情報で規定される行動によって決定づけられる範囲は、生物個体に含まれると考えられる。たとえば、クモの巣網やビーバーのダム型住居などは、クモやビーバーの遺伝情報で安定して再現されるので、それは外的な環境というよりも、生物個体の延長と見なされる。(5) すなわち、川などの外的環境に対してダム型住居を作りあげるビーバーの技能は、競合的に環境適応した結果なのである。あたかも身体性がボディから拡大したかのようである。

さらに他個体や、その集団が環境としての働きをする場合がある。たとえば、雄クジャクの尾羽が豪華になるのは、「ランナウェイ（止めどもない）性淘汰」が起きていると解釈される。豪華な尾羽に魅力を感じる遺伝子が雌にいったん蔓延すると、雄クジャクにとってはそれが環境になり、豪華な尾羽を備えて雌クジャクの目を惹かないかぎり子孫に遺伝子情報をひき継げないこととなる。その結

（4）現代総合説によって排斥された、後天的に獲得した表現型が遺伝するという考えは、ダーウィン自身ももっていたが、積極的に主張したのはラマルクである。後天的に獲得した表現型が現実に遺伝したという実験報告もあるが、そういう実験の多くは、後天的特性を獲得しやすい遺伝子が自然選択されたとも説明できる（後述のボールドウィン効果）。議論を巻きおこした有名な実験には、足場が不安定な環境で飼育したところ、サンバガエルの指にこぶができ、それが次の世代にまで遺伝したというカンメラーの報告がある。彼の実験は疑惑がもたれ、カンメラーは自殺に追いこまれる。科学ジャーナリストのアーサー・ケストラーによる『サンバガエルの謎——獲得形質は遺伝するか』（石田敏子訳、サイマル出版会、原著一九七一年・邦訳一九八四年）に、その顛末が詳しく書かれている。

（5）リチャード・ドーキンスの言葉では『延長された表現型——自然淘汰の単位としての遺伝子』（日高敏隆・遠藤彰・遠藤知二訳、紀伊国屋書店、原著一九八二年・邦訳一九八七年）となる。

果、雄クジャクの尾羽は正のフィードバックを受けて、生き残るに可能なかぎり豪華になる。(6)

進化、すなわち環境変化への適応に、多様性が不可欠であることをもう一度明言しておこう。たとえば、われわれ人間は誰もが、ビタミンC（アスコルビン酸）を体内で合成できない遺伝病にかかっていると言われている。他の動物には、ビタミンCを体内で合成できる種も多いからだ。ビタミンCは柑橘類に多量に含まれており、そうした環境に生きる動物はとりたてて体内で合成する必要がないので、合成しないことが環境に適応した進化（ある意味で退化）とも考えられる。しかし、もし柑橘類植物が絶滅してしまったならば、そうした環境変化に対応できなくなってしまう（現在ではビタミンCは化学合成できるから安心だが）。環境に過度に適応してしまって多様性を失うと、危険性は大きい。この意味で、優生思想や、遺伝子の工学的改良には歯止めが不可欠である。

人工生命と遺伝的アルゴリズム

進化の原理が明確になれば、バクテリアのような原始的生物からはじまって、人間のような高等生物まで三五億年ほどの生命進化の歴史を、コンピュータ上で模倣（シミュレーション）できるだろう。超高速コンピュータを用いて、十分の一秒で一万匹の生物種の一世代をシミュレーションできるとすれば、世代交代に一年かかる生物種の一億年かかる進化を仮想的に計算できるにちがいない。これは、すべての進化の歴史のシミュレーションとはとても言えないが、年月から考えて進化の歴史の千分の一程度には相当する。つまり、進化の歴史で生物が獲得した機能の千分の一相当が、コンピュータによって自動的に算出できることになる。

進化の原理を計算の手順に置き換えたものを「遺伝的アルゴリズム」と呼ぶ[(7)]。遺伝的アルゴリズムは、もともと一九七五年にホランドが提案した最適化アルゴリズムであるが、人工生命研究の興隆のさいに再び注目されるようになった。最適化アルゴリズムというのは、なんらかの条件にもとづいて決まる「解の評価値」を段階的に向上させていく方法である。評価値は、進化の過程での「環境への適応度」に相当する。典型的な最適化問題として知られる巡回セールスマン問題を用いて、遺伝的アルゴリズムを説明しよう。

一〇都市の巡回セールスマン問題は、次頁の図7―1Aに示すように、A市からJ市まで地理的に分散した都市をいかに効率よく短い時間で回るかという問題である。各都市間の距離（所要時間）が決められた条件で、巡回する順番が算出されたらその総巡回距離が評価値（この場合は小さいほうがよい）である。アルファベット順に巡回するよりは、図7―1Bに示すように近い都市から順に回るのがよい。ことによると図の解がもっともよい解（最適解）ではないかもしれないが、そこそこの評

(6)　フィードバックとはシステム論の用語であり、出力信号を入力に戻すことである。出力がプラスになったら、それを受けてさらにプラスにするのを正のフィードバック、ぎゃくにマイナスにするのを負のフィードバックと言う。安定的な制御システムはふつう負のフィードバックが働いて、出力のゆらぎを自動的に安定点に戻すようになっている。正のフィードバックは、小さなゆらぎを増幅してしまうので、変化の激しいシステムとなる。

(7)　たとえば、伊庭斉志『遺伝的アルゴリズムの基礎』（オーム社、一九九四年）や星野力『進化論は計算しないとわからない――人工生命白書』（共立出版、一九九八年）を参照されたい。

価値の解（準最適解）が見つかると、それで十分に実用的である。図を見ると一見簡単そうだが、川や道路が不規則に配置されていると遠近が一望できず、結構難しい問題である。

遺伝的アルゴリズムでは、まず解の状態にあたる遺伝子型を決める。巡回セールスマン問題であれば、（いろいろな表記法が可能だが）巡回する順番の都市名を一列に表記したものでよいだろう。つぎにコンピュータのパワーに応じて個体数を決め、図7―2の左上に示すように、初期解をおのおのに

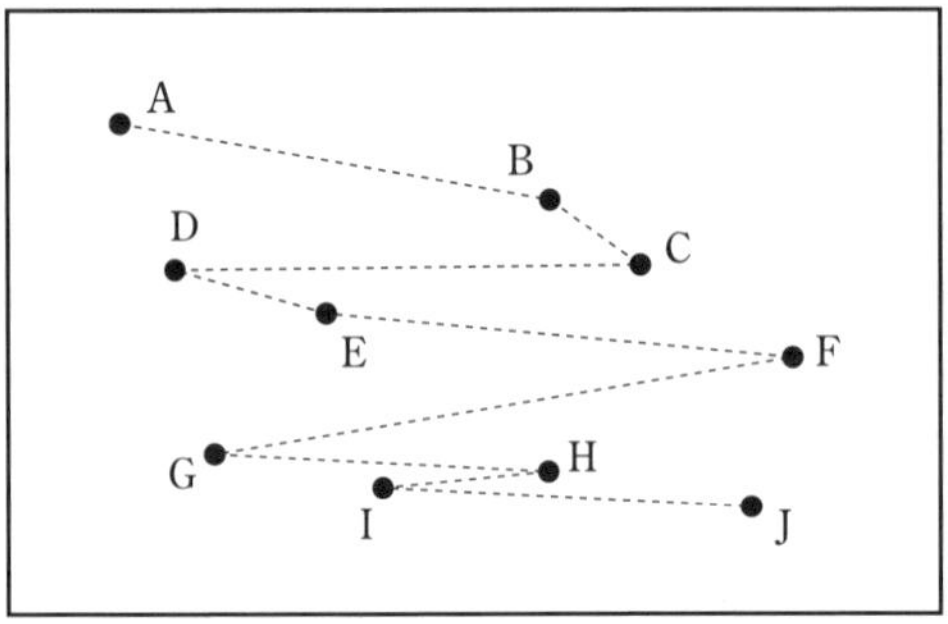

図7―1A　巡回セールスマン問題

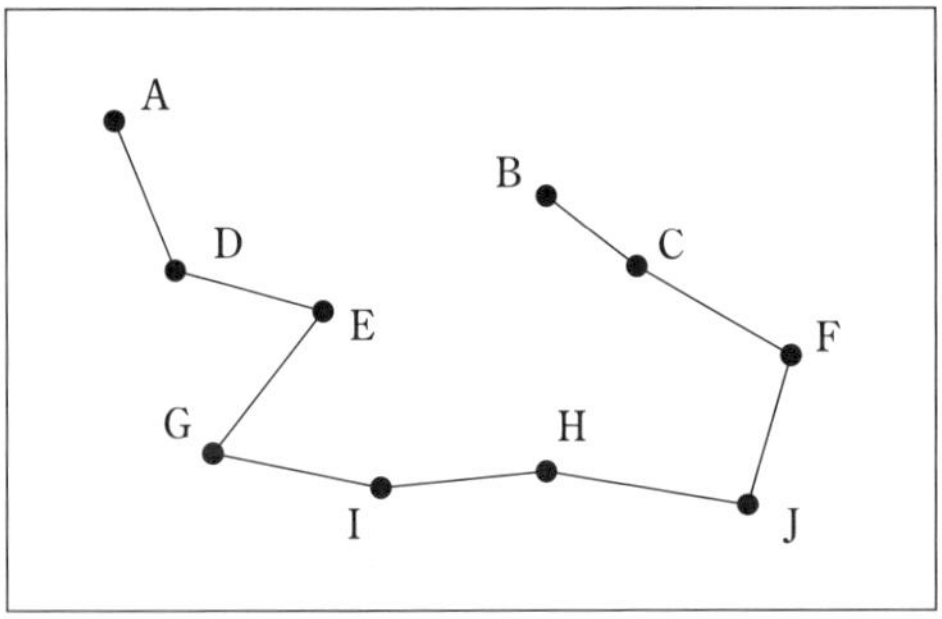

図7―1B　巡回セールスマン問題の最適解

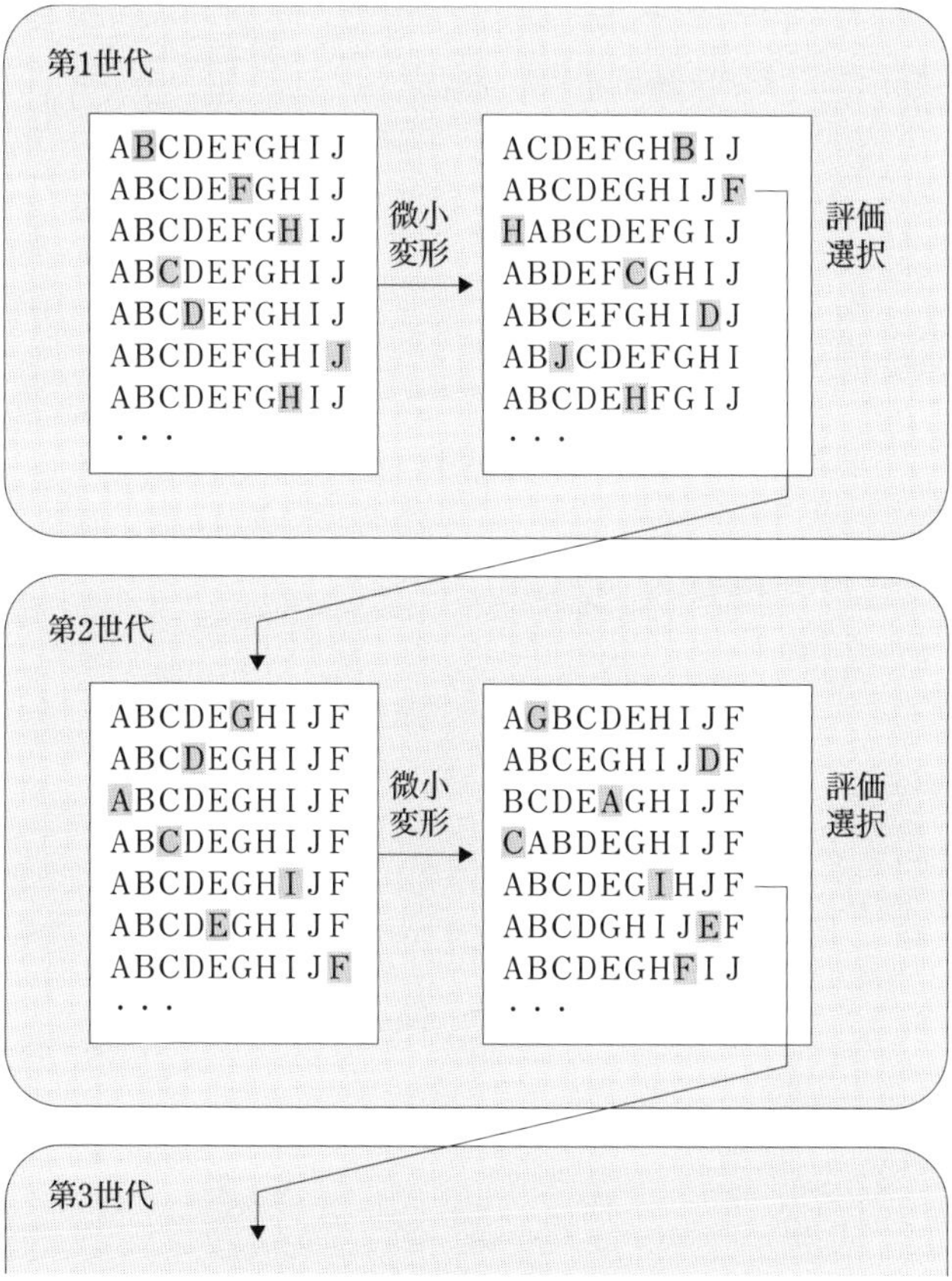

図 7—2　遺伝的アルゴリズムの方法

コピーする（ここではそうしてないが、初期解のみ個体ごとにランダムに決めることが多い）。そして各個体にランダムな突然変異を適用する。突然変異とは、遺伝子型上に起きる文字の微小変形であり、問題ごとに適当なものを決める。一般的には、一部の文字の書換・挿入・削除、あるいは複数の個体のもつ遺伝子型の部分的交換（交叉）があるが、巡回セールスマン問題の場合は、同じ名前の文字が二回現れると（対処法がないわけではないが）困るので、文字の移動を突然変異とする。図7－2では、一番上の個体はBが移動し、二番目の個体はFが移動している。つぎは自然選択であるが、自然選択は、個体ごとに表現型の評価値を算出して、もっともよい個体を選ぶ。巡回セールスマン問題の場合の表現型は、遺伝子型の文字列が指定する都市の巡回経路であり、評価値はその経路の長さ（移動時間）である。評価値を比較してもっともよい個体がたとえば上から二番目の個体であれば、その個体が生存競争に生き残ったとして、次の世代はその個体の遺伝子型を全個体にコピーする。(8) この手順で世代交代を続けていくと、やがて評価選択で同じ解がずっと選ばれるようになる（収束する）ので、そのときの解が準最適解である。

遺伝的アルゴリズムによって巡回セールスマン問題は、以上のように解決できる。進化のシミュレーションならば、生物が直面するようなさまざまな問題も同様に解けるはずであろう。ところが、そうではないのだ。実用的な問題は、遺伝的アルゴリズムではストレートには解けないのである。現に遺伝的アルゴリズムは、工学分野で実用的とされる問題解決には、これまでのところほとんど使われていない。

進化シミュレーションの計算量

なぜ遺伝的アルゴリズムが工学的にあまり利用できないかを考えよう。遺伝的アルゴリズムが、単なる全解探索以上の効果をもつには、解の部分的な良し悪しが解全体の評価につながる「組合せ的構造」をもたねばならない。(9) 巡回セールスマン問題の場合は、一〇都市のうち五都市を効率よく巡回する解は、少なくともその五都市分についてはそこそこよい解であり、それをもとに少しずつ改善すれば向上の期待がもてる。あるいは、運よく残りの五都市についてうまくやっている別な解があれば、それと（交叉の微小変形で）組み合わせれば結構よい解になる、といったことである。ところが、何か解決したい問題をもってくると、その問題は組合せ的構造をもって「いない」ことがほとんどである。生物が直面するさまざまな環境への適応問題が、どれも組合せ的構造をもっているとすれば、むしろそのほうが奇妙である。

かりに組合せ的構造をもっているとしても疑問は残る。遺伝的アルゴリズムを利用しようとする技術者は、なるべく組合せ的構造が出現するように問題を定式化しなおして、遺伝子型を工夫したり突

（8）もっともよい解だけ残して他の全個体にコピーする方法は「エリート戦略」と呼ばれ、収束は速いものの、局所的な準最適解にはまりこみ、解の質が悪いままとどまる可能性が高い。それに対して、ある程度評価の低い解も残しながら続けるいろいろな戦略がある。収束に時間がかかるがより最適解に近づいた解が得られる。つまり、進化のうえでは個体群の遺伝的な多様性の維持が重要なのである。

（9）さらに補足すると、適応度地形がなだらかで準最適解にはまりこみにくい問題構造が必要だということである。

然変異を工夫したり評価値の算出法を工夫する。それに対して進化の歴史では、遺伝子型はつねにDNAであり、選択の評価はつねに生存競争である。技術者がよく考えて工夫するデザインよりも、大昔に決まった固定的デザインが今でも有効であるのは解せない。

最大の問題は計算量である。巡回セールスマン問題の場合は、遺伝子型はごく単純であり、表現型とほとんど一致していた。ところが一般の問題では、表現型が複雑で、それを遺伝子型に表現するときに長大な記述になってしまう。遺伝子型が長くなるにしたがって、配列表現の可能性は倍々に増え、解を得るまでに必要な遺伝的アルゴリズムの計算量が飛躍的に増大する。(10) 一方、遺伝的アルゴリズムの実行計算量は、個体数と世代数の積でおおよそ規定されてしまい、その飛躍的な増大に追いつかない。

進化の生物学的実験の場合、薬剤耐性をもつ菌を進化的に得ることなどには成功している。しかし、これは特定の代謝経路にかかわる数少ないタンパク質を相手にして、（配列表現の可能性の少ない）短い遺伝子型をもとに膨大な数の個体数でどんどん世代交代させているので、成功するのも当然である。一般の生物進化では、遺伝子型も長く個体数も限定され、世代交代もそれほどの頻度でない。そのうえに、解決すべき問題が、ひとつの表現型にいくつも潜在している。たとえば、キリンの首が長くなるには、首の筋肉や骨格が長くなるだけでなく、胴体も重さを支えられるようにならねばならず、足元の水を飲むために脚も長くならねばならず、高い脳まで血液をあげるために心臓ポンプを強くせねばならず、高い血圧に耐えるために皮膚も厚くせねばならない。これらの多くの問題解決が、生き残りというひとつの評価で最適化されているとなると、とてつもない計算量である。とても三五億年では足りない。足りているのであれば、遺伝的アルゴリズムはコンピュータ上の実用的な問題解決にもっと成功しているはずである。[11]

生物の歴史の議論には、長い年月の間にはそのような進化がおきても不思議はないといった論調がしばしば見られるが、情報工学的に見ればまったく「長い年月」ではない。著名な生物学者のスティーヴン・グールドは「百万年もかければ、コインを百回投げ上げて百回とも表を出すことが少なくとも一回はできるだろう」と、進化が起きる必然性を印象づけているが、これは誤りである。[12] 一秒間に百回コインを投げても、表を百回連続させるには、一五〇億年の宇宙の時間があってもぜんぜん足りない。人間は一般に、組合せを見積もる量的感覚にとぼしいのだ。

(10)　巡回セールスマン問題の全解探索は、都市の階乗個数（10!＝3628800）の枝をもつ推論木を展開すれば可能である。だから、一〇都市くらいであれば、じつは全解探索による厳密な最適解が得られる。遺伝的アルゴリズムで個体数と世代数をかけた数が全解の個数を超えているようでは、遺伝的アルゴリズムを適用する価値はない。

(11)　『人工知能学会誌』の二〇〇三年九月号で、遺伝的アルゴリズムの特集・対談があったが、研究者はもはや遺伝的アルゴリズムを、実際の生物進化のシミュレーションとみなすことに対して、あきらめがちになっている。

(12)　グールド『パンダの親指――進化論再考』（櫻町翠軒訳、早川書房、原著一九八〇年・一九八六年）の邦訳下巻の六七ページに掲載されている。また、たくさんの猿にランダムにタイプライターを打たせ、打たせた文書をつぎつぎに判定していけば、やがてシェークスピアが書けるといったSF的議論もあるが、これも計算量についてまったく考えていない乱暴な議論である。判定は容易だが、ランダムに生成したのでは、シェークスピアどころか、芭蕉の俳句さえもおぼつかないのである。

生物学的に言えば、進化の過程はまちがいなく歴史的事実であるが、細かな物理的メカニズムを問うていけば、遺伝的アルゴリズムのような仕組み「だけ」でおきる、と考えるのには無理がある。第五章で述べたような量子効果が計算量を削減しているのだろうか。ジョンジョー・マクファデンは進化の過程でも量子効果が積極的にかかわっていると主張する。[13] 遺伝子は量子チューリングマシンのキュービットテープのように、可能な状態が重合せになっており、シュレーディンガーの猫のように表現型も重合せになっている。それが環境と出会うときに「観測」がなされ、遺伝子の変異がそれに応じて確定すると想定する。物理学からの実験的裏づけはまったくないが、もしそのような種類の事実が確認できれば、進化にまつわる計算量の問題は氷解するだろう。

人間原理の宇宙論による解決もある。これは奇跡の合理的説明を振動反復宇宙や並行宇宙に求めるものである。[14] われわれの宇宙は百数十億年前のビッグバンから始まったとされるが、宇宙はビッグバンから拡大した後、また縮小して次のビッグバンをおこすとも予想されている。宇宙は何度も何度も振動反復をくり返しているのかもしれないし、われわれの宇宙とは別の宇宙があるのかもしれない。このように宇宙自体が膨大な数あれば、論理的には問題がなくなる。認識主体としてのわれわれが存在する宇宙は、膨大な数の宇宙のうちのひとつであり、宇宙で人間が生まれる確率は非常に小さいけれども、宇宙がそれにもまして多数あるので問題ない。われわれの宇宙がちょうどその人間が生まれる特殊な宇宙であるのはいっけん奇跡的だが、人間が生まれる宇宙でなければ人間は存在しないのであるから、われわれがいる以上われわれの宇宙がその特殊な宇宙であるのも問題ない、というわけだ。

しかし人間原理は荒唐無稽であるうえに、もしそれが正しいとすると、進化は偶然にすぎず、生物の変遷の研究には未来に向けた意義が見いだせなくなってしまうので、この議論はこのへんにとどめておこう。

生物の階層分類

進化の原理によると、世代交代において突然変異と自然淘汰をくり返したすえに、環境に適応した種が徐々に形成される。しかし、進化の歴史をふり返ると、単調な適応過程というよりも、人間に近づくにしたがって、知恵や社会や文明が生まれるというように、急激な進化（環境適応）がなされているように感じる。進化の原理を遺伝的アルゴリズムでシミュレーションしているだけでは、どうも人間の心の実現には不十分であるようだ。認知哲学者のダニエル・デネットは、心的機能の複雑さに応じて、四つの準位からなる生物階層を定義し、生物進化の過程は積木を積み重ねるように飛躍的に

(13)　マクファデン『量子進化――脳と進化の謎を量子力学が解く！』（十河和代・十河誠治訳、斎藤成也監訳、共立出版、原著二〇〇〇年・邦訳二〇〇三年）を見よ。心の進化過程に量子効果を期待する議論に、ケアンズ＝スミス『〈心〉はなぜ進化するのか――心・脳・意識の起源』（北村美都穂訳、青土社、原著一九九六年・邦訳二〇〇〇年）もある。

(14)　人間原理はもともと、地球などの生命の誕生に最適な天体が形成されるためには、さまざまな物理定数がちょうどいい特定の狭い範囲におさまっている必要があるという、生命誕生の奇跡の説明から登場した。松田卓也『人間原理の宇宙論――人間は宇宙の中心か』（培風館、一九九〇年）を見よ。

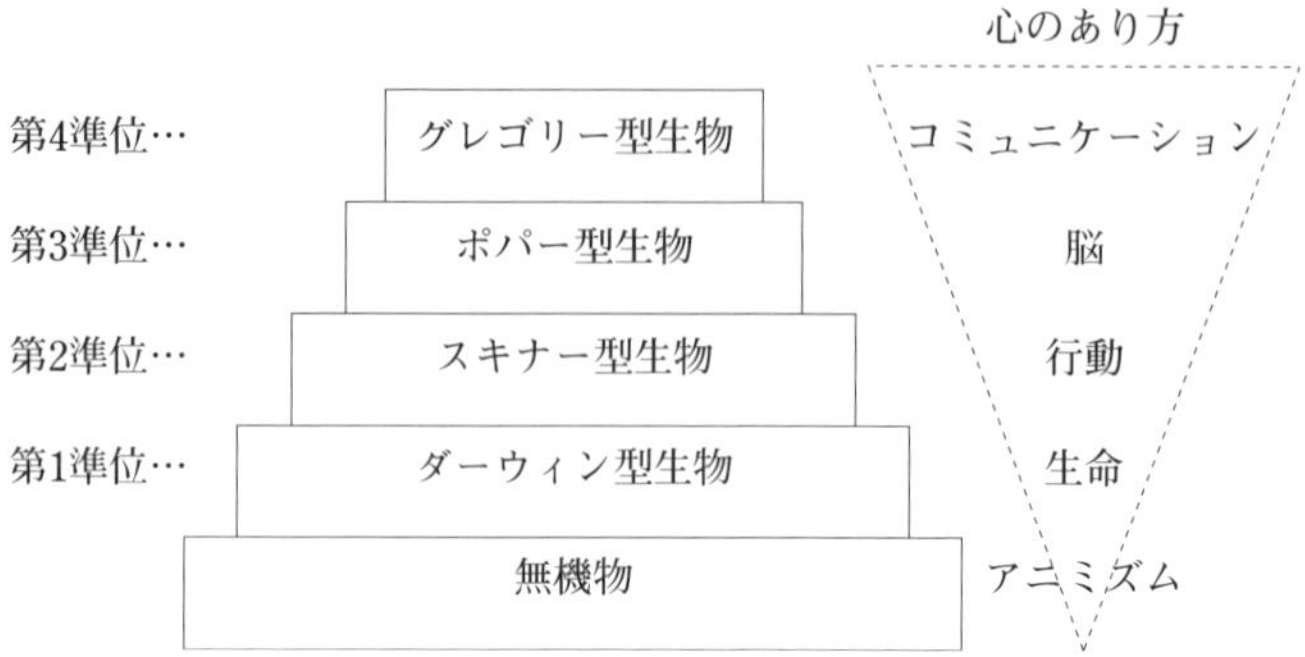

図 7—3　生物進化の階層

複雑さを増したと、急激な進化をうまく説明している。[15] 進化の原理をふまえたうえで、さらなる探究の手がかりをこの生物階層（図7―3）の考え方からあぶりだしていこう。

基盤となる第一準位の生物は「ダーウィン型生物」であり、これまで述べたような進化の原理にしたがって、環境に適応した個体に変化する生物である。多様な生得的表現型（身体形状や機能）をもつ個体を多数生成し、そのうちから環境に適応した個体が生存競争をくぐり抜けて生き残り、同種の表現型をもつ多くの子孫を残す。たくさんの子どもを設ける戦略をとる生物で、バクテリアや多くの植物が該当するとみられる。

その上の第二準位は「スキナー型生物」であり、ダーウィン型生物の特徴をもったうえでさらに、生まれた後にその環境に適応学習する生物である。多様な潜在的に可能な表現型（行動）を備えており、それらを盲目的に試す過程で、スキナーが示したような強化による学習が行われ、環境に適した表現型が固定される。つまり、刺激と反応の可能な組合せパターンを多数用意しておき、前の状況でうまくいったパターンを次の類似の状況で使用する。後天的な柔軟性に依存した戦略をとる、寿命も比較的長い生物で、下等動物や高等植物が該当するとみられる。

第三準位は「ポパー型生物」であり、スキナー型生物の特徴をもったうえでさらに、内的世界で適当な行動を事前に選択できる生物である。個体内部に環境のモデルをもっており、どんな行動が環境に適応的かを評価して、最初から偶然以上に見こみのある行動をとる。科学哲学者のポパーが言うように「仮説が身代わりになって死ぬ」のである。計画や推測をもとに環境の変化に対応する戦略をとる生物で、哺乳類や鳥類が該当するとみられる。

第四準位は「グレゴリー型生物」であり、ポパー型生物の特徴をもったうえでさらに、社会文化的環境から「心の道具」を取り入れて能力を上げる生物である。社会的集団で生活する個体が、他の集団・個体がもつ概念を、人工物や言葉を通して知り、内的な環境モデルと行動の生成・評価をともに精緻化する。知覚心理学者のグレゴリーが言うように「道具が知能を授ける」のである。集団を形成してコミュニケーションをとる生物で、霊長類に限られるとみられる。

(15)　このデネットの議論は『ダーウィンの危険な思想――生命の意味と進化』(石川幹人・大崎博・久保田俊彦・斎藤孝訳、山口泰司監訳、青土社、原著一九九五年・邦訳二〇〇〇年、四九四～五〇〇ページ)に詳述されている。またその後の『心はどこにあるのか――サイエンス・マスターズ・シリーズ(7)』(土屋俊訳、草思社、原著一九九六年・邦訳一九九七年)にも概略が論じられている。デネットは、ダーウィンの思想(進化論)は危険なまでに切れ味が鋭く、認知や人間、そして社会の問題を次々と説明してしまうと、緻密な議論を展開している。

図7－3に示すように、生物階層図式の重要な点は、どの準位も下のすべての準位をひき継いでいる点である。つまり、生物はすべてダーウィン型の特徴要素をもつのである。結局のところ進化は、情報を担う遺伝子の進化である。個体が生き残って次の世代に残すのは遺伝子であるので、自己の生存に対する努力も生き抜こうとする意欲も、めぐりめぐれば、遺伝子の保存に対して行われていると考えるのが合理的なのである。グレゴリー型生物であっても、ダーウィン型の要素を基盤に説明できなければならない(16)。

心と意識の成立

生物階層のどの段階から「心」が成立したのか、について考えてみよう。それは心の定義によって複数の仮説があげられる。ダーウィン型生物の段階で心が成立するとみなせば、「心＝生命」と考える説となり、生きとし生けるもの皆、心を有するとなろう。スキナー型生物の段階で心が成立するとみなせば、「心＝（生命の）行動」と考える説となり、環境に適応する学習機構こそが心であるとなろう。ポパー型生物の段階で心が成立するとみなせば、「心＝（行動を制御する）脳」と考える説となり、脳における内的な想像力が心であるとなろう。そして、グレゴリー型生物の段階で心が成立するとみなせば、「心＝（脳による）コミュニケーション」と考える説となり、社会的な集団関係を築く力が心であるとなろう。以上の心に関する諸仮説のうちどれが妥当かは、「心」というものに何を求めるかによって異なってくる。

そこで、「心＝○○」という表記について深く考え、議論の土台を築こう。すると、「心＝○○」には、①心は○○にすぎない（還元主義的唯物論）、②心は○○から生まれる（創発主義・機能主義）、③心は○○に宿る（霊魂説などの二元論）の、三通りの意味があると解釈できそうだ。①を採用すると、心とは結局のところ○○であるなどと、心についての説明は、すべて○○についての説明へと帰結する。これでは心は便宜的に導入された概念にすぎず、けっきょく「消去」されてしまう。[17] デカルトのように、みずからの自覚によって心について考えはじめたのであれば、その自覚自体が「ない」ことになりかねず、かなり不満足な説明である。

②は、○○が進化の途上で形成されるうちに、コンピュータ上のプログラムのような独自の水準が創発され、それが心的機能を実現するようになると説明される。それに対して③は、物の世界のほかに心の世界があり、○○になってはじめて心の世界の要素が物の世界になんらかの影響を与えると説明される。心という独自世界があるものの、○○でなければ心が影響しないというのは、神がかった

(16) 生物学者のリチャード・ドーキンスが『利己的な遺伝子』（日高敏隆・岸由二・羽田節子・垂水雄二訳、紀伊国屋書店、原著一九七六年・改版一九八九年・邦訳一九九一年）のなかで、「生物は遺伝子の乗り物である」という衝撃的な表現とともに、この遺伝子本位の考え方をはじめて展開した。当初は「われわれは遺伝子に支配されているのか」などといった反感があったが、最近ではそうした誤解もだんだんととけ、かなり定着してきたようである。

(17) チャーチランド夫妻は、心は脳にすぎないと徹底した「消去主義的唯物論」を唱えている。ポール・チャーチランド『認知哲学——脳科学から心の哲学へ』（信原幸弘・宮島昭二訳、産業図書、原著一九九五年・邦訳一九九七年）を見よ。

説明になりがちである。デネットは②を「クレーン」と呼んで奨励し、③を「スカイフック」と呼んで揶揄する。[18] 進化の歴史を認めるのであれば、心のような上位の水準は、下位の水準によって支えられながら、まるでクレーンでもちあげられるように登場しなければならない。けっして天からスカイフックで引きあげられるのであってはならない、と力説する。

物の世界を認め、①~③をすべて否定したうえでも依然として心的世界があると認めると、万物に心がある（石にさえもその萌芽がある）という「汎心論」の選択肢しか残されないようである。この立場は、ダーウィン型生物以前に心が存在したというアニミズムにつながるが、哲学者のチャーマーズなど、この立場に親和的な現代の哲学者は少なくない。[19]

こうしてみると、心がどの段階でいつ成立したかという疑問を深追いするのは、生産的でないようである。確信できるのは、われわれが自覚する心の存在を認めるかぎり、グレゴリー型生物の段階か、またはそれ以前に心が成立していることである。また第一章で示したような、一人称的性格の心の要素を満たすのは、かなり高準位の生物だけだろう。以下の章では、心というよりはむしろ、われわれが自覚する（一人称的）心の働きである「意識」という概念に注目し、それがグレゴリー型生物の段階ではじめて成立したという仮説を固めていきたい。そこで、スキナー型生物からグレゴリー型生物が進化するまでに起きてきたことを順に考察していく。

まとめ

ダーウィンによって提唱された進化の概念は、細菌のような原始的な生物から人間へと生命が複雑化してきた過程をよく説明する。その後判明した分子生物学の知見によって、生物進化のメカニズムが裏づけられ、進化の現代総合説が確立する。ところが、その原理をコンピュータ上でシミュレーションする遺伝的アルゴリズムの実用化は壁にあたってしまう。実用的な複雑さをもつ問題を解決しようとすると、計算量の問題が生じるのである。現代総合説には、量子進化の着想などの、なんらかの拡張が不可欠に思われる。人工生命の研究に採用されているような、単純な進化のシミュレーションでは人間の研究にはとても遠い道のりである。そこで、生物の階層分類にしたがって進化の過程をふまえながら、とくに高準位の生物に注目して、心あるいは意識を説明する可能性を探っていく。

(18)　前掲『ダーウィンの危険な思想』の第三章にクレーンとスカイフックの議論がある。デネットに言わせると、同じ言語モジュールの生得性を主張するのでも、スティーヴン・ピンカーはその進化的獲得を論じるクレーン派でよいが、チョムスキーは進化に疑問を呈するスカイフック派でだめだということである。ピンカーは『言語を生みだす本能』(椋田直子訳、ＮＨＫブックス、原著一九九四年・邦訳一九九五年)で、言語獲得の進化過程を探った一方、チョムスキーは『言語と知識――マナグア講義録』(田窪行則・郡司隆男訳、産業図書、原著一九八八年・邦訳一九八九年)の邦訳一七〇ページで、物理的過程で「離散無限」という特性が現れたのが、言語モジュール獲得の鍵であると主張している。チョムスキーの主張は具体性に欠けるが、彼は情報工学の専門家なので、少なくとも進化に伴う計算量の問題には気づいていたのだろう。

(19)　こうした哲学的議論については、前掲『マインド』の第三章（水本正晴「心の哲学」）を参照されたい。なお、コリン・マッギンも『意識の〈神秘〉は解明できるか』(石川幹人・五十嵐靖博訳、青土社、原著一九九九年・邦訳二〇〇一年)のなかで汎心論的議論をするが、彼は、心と物とは一元的根源から現れたものの、その発端は認知的限界のために認識できないのだ、と不可知論的主張をしている。

第八章　認知神経科学の展開
——脳で心を説明できるか

神経細胞のモデル化

スキナー型生物は、行動によって特徴づけられている。つまり、外界からの刺激と、それに対する反応との対応づけのパターンを学習し、経験的によりよい反応行動がいち早くとれるようになる生物である。一般に、生物におけるこうした反応パターンの学習は、神経細胞によってなされている。われわれの身体のすみずみまで配置されている神経細胞が、感覚器官からの信号を受けとり、運動器官を制御しているのである。

個々の神経細胞は、遺伝子を格納している核の部分を中心にして多数の細い腕（樹状突起）がのびており、隣接する神経細胞と電気信号の受け渡しを行っている。単一の細胞のモデル化をはじめて提案したのはマカロックとピッツであり、一九四七年のことである。一九四九年にはドナルド・ヘブにより、神経細胞相互の学習則が提案された。一九五二年にはホジキンとハクスリーが、イカの巨大神経線維を用いて、神経細胞の信号伝達機構の詳細を明らかにしたのである。

図8―1を用いて、神経細胞の動作モデルを説明する。この図は、ふたつの目にあたる光検出感覚器官と、ふたつの脚にあたる車輪様運動器官からなる原始的生物を模式的に表している。神経細胞AとBは、感覚器官の信号を判定する細胞で、外部の光を検出すると発火する。神経細胞は発火する（電気が流れる）ときを1、発火していない（電気が流れていない）ときを0で表す。[1] 神経細胞CとDは、運動器官を制御する細胞で発火していると車輪を回す。神経細胞が他の神経細胞から信号を受ける配線には、重みづけ（ウエイト）があり、0から1までの値をとる。[2] たとえば、CがA、Bからの信号を受けるところには、それぞれWac、Wbcというウエイトがある。さらに図には書いてないが、他の細胞からの配線もあり、細胞Cが発火するかしないかは、発火している細胞配線のウエイトをすべて足して一定の数値を超えるかどうかで決まる。このウエイトの変化で学習ができるのである。

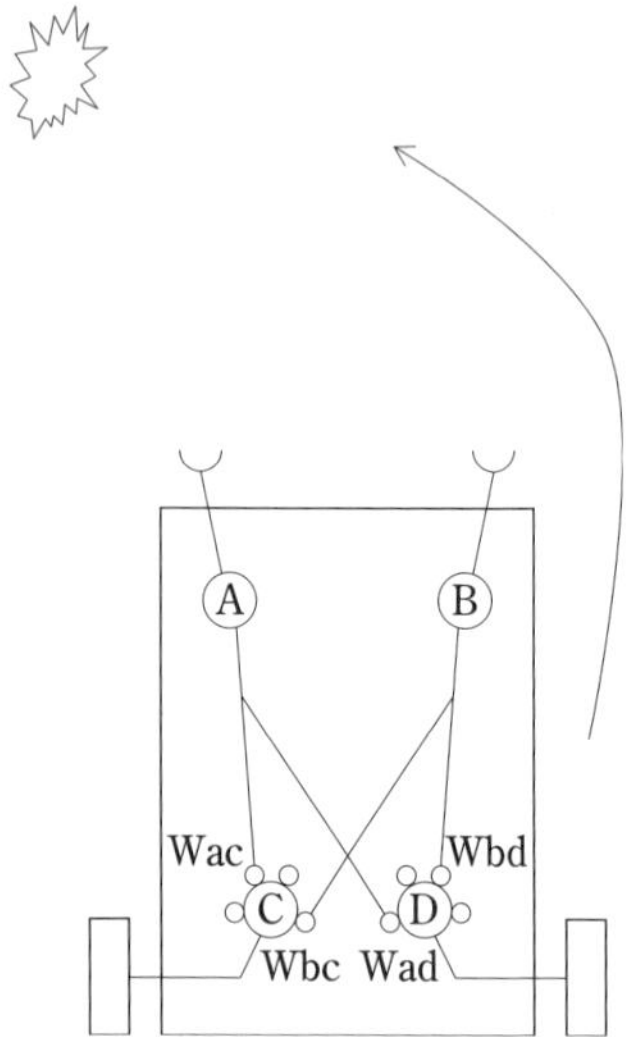

図8―1　原始的生物の学習モデル

ヘブの学習則の原理は、うまくいった行動がなされたときに、発火している細胞への配線のうち、発火している細胞配線のウエイトを少し大きくし、発火していない細胞への配線のうち、発火している細胞配線のウエイトを少し小さくする。たとえば明るいところに行くと餌が得られる傾向があるとしよう。神経細胞Aが発火し、Bが発火しなかった場合は、向かって左手に光源があるので、細胞Dが発火すると生物は左に動くのでうまくいく。今たまたま（図に書かれていない他の配線の影響で）AとDが発火し、BとCが発火しなかった状態で、光源に近づき餌が得られたとする。その場合、Wadを少し大きくし、Wacを少し小さくするのである。経験を積むと、ウエイトの微小変化が積み重なり、小さな刺激でも餌を求めて光源へとしっかり移動できる生物が仕上がる。

神経細胞モデルのウエイトは、実際の神経回路上ではシナプスによって実現されている。細胞同士の接合面は完全に密着しているのではなく、少し離れてシナプスという間隙が形成されている。シナプスでは電気による伝達が中断させられ、かわりにホルモン様の化学物質が授受されて相手側に信号

（1）　配線の信号はまさに、0と1のデジタル信号である。生物の神経回路とコンピュータのアナロジーはここから始まっている。なお、電気が流れていないときはOUTで0、電気が流れているときはINで1と覚えるとよい。0と1にする利点は、「発火している細胞配線のウエイトをすべて足す」という演算が、「細胞出力信号とその配線ウエイトをかけ算してすべて足す」というように、発火しているかいないかの判定を不要にできることにある。

（2）　ウエイトはじつは、0からマイナス1までの負の数の場合もある。これは抑制性結合といって配線先の細胞を積極的に発火させ「ない」ように働く。実際の神経回路にもよくある配線形態である。一九五七年に、ジョン・エックルスによってはじめて発見され、彼は一九六三年に、ホジキンとハクスリーとともにノーベル賞を受賞した。エックルスは、科学者としてはめずらしい心身二元論者として知られている。彼の『自己はどのように脳をコントロールするか』（大野忠雄・斎藤基一郎訳、シュプリンガー・フェアラーク東京、原著一九九四年・邦訳一九九八年）などを見よ。

が伝達する。[3] この化学物質の放出量や受容量で、刺激の程度を左右することができる。餌が食べられてうれしいという感情はホルモンの分泌によって誘発されるが、それが同時に、餌を獲得するのに必要なシナプス結合を強化させているのかもしれない。

神経回路網研究とその限界

図8－1は、光を検出するという単純な感覚器官の例であったが、実用的には○という形が見えたら動いて、×という形が見えたら止まるというような複雑なパターン判別を行いたい。その実現への道筋を提示したのが、一九五九年のフランク・ローゼンブラットのパーセプトロンの研究である。多数の感覚細胞を配列してそれらの出力をひとつの細胞に配線し、その細胞の発火をヘブ則に準じた方法で学習させれば、判別が行えることが示された。神経回路網（ニューラルネット）研究のはじまりである。ところが、マーヴィン・ミンスキーによって限界が指摘された。[4] Sと6のような、連結が開いているか閉じているか（閉包性）などの大局的な要素を判別しにくいことや、○か◎のどちらかがあればいいが両方あるとダメといった論理（排他的論理和）に対応できないことが判明した。

パターン判別回路網の研究は、その後下火になっていたが、一九八六年にラメルハートとマクレランドが、研究を再燃させた。[5] 彼らは、入力部分の細胞群と出力部分の細胞との間に中間細胞群を設定し、いったんそこにすべての配線を経由させて二段階で学習させると、原理的にすべての判別関係が学習可能であることを示した。ところが、この二段階の学習には、各中間細胞の最終判断への寄与分に応じて入力細胞から中間細胞へのウエイトを調整するといった、とても実際の神経回路にはありそうもない数学的技法が導入されていた。また、原理的に学習可能といっても、学習過程には大量の学習例が必要で、学習完了まではとんでもない時間がかかるのがつねであった。

学習過程では、「これは○である」と判定してほしい「ひしゃげた○」や「つぶれた○」などの「正の学習例」に加えて、○と判定してほしくない「切れた○」や「くびれた○」などの「負の学習例」を混在させて提示し、正しい判断を教える。ところが、正例に共通して含まれて負例に含まれない、入力信号の部分的な組合せは膨大にある。そのなかで最終判断に真に必要なものを見いだすとなると、相応の学習例をくまなく準備しないとならない。学習例の分量や提示順によっても学習結果は異なってくる。学習例が少ないと初期状態（生物の場合は生まれたとき）におけるウエイトの数値によって学習結果の傾向が決まってくる。

（3）　人間の場合、ホルモンには、ドーパミン、アセチルコリン、セロトニンなどがあり、それぞれ特有な神経細胞群のシナプスに使われている。いわゆる麻薬と呼ばれる薬剤は、こうしたホルモンによく似た分子構造をもっており、摂取するとシナプスの信号伝達が促進されたり、正常なホルモンをさまたげて信号伝達が抑制されたりする。これがいろいろな神経障害現象をひきおこす。

（4）　パーセプトロンの限界が指摘されたのは、ミンスキーとパパートの『パーセプトロン――パターン認識への道』（斎藤正男訳、東京大学出版会、原著一九六九年・邦訳一九七一年）のなかである。

（5）　神経回路網研究の復活の書となったのは、ラメルハート＆マクレランド『ＰＤＰモデル――認知科学とニューロン回路網の探索』（甘利俊一監訳、産業図書、原著一九八六年・邦訳一九八九年）である。

スキナー型生物は、生まれてからこの試行錯誤を各世代ごとにやっているのだろうか。とても手間がかかって、それでは生き残っていけないのではないだろうか。少なくとも、学習の枠組みが生まれながらに有効な形に限定されているべきである。進化過程で考えれば、学習の速さ自身が自然選択の対象になり、遺伝子にだんだんと組みこまれて行くという現象（ボールドウィン効果）が働いているにちがいない。光を感知してそちらに移動する（光走性）生物などはみな、すでに生まれながらにその能力を身につけているようである。(6)

記号主義と結合主義

ポパー型生物は、脳における想像力で特徴づけられている。つまり、外界の様子を内的に表現（モデル化）し、実際に行動する前にその行動の是非を推定できるのである。脳は約一千億の神経細胞からできている巨大な神経回路網である。外界モデルの神経回路網による表現に成功することが、スキナー型からポパー型へと階段を上るのに超えねばならないハードルである。これは、脳のなかでどのように信号が記録され変更操作されるかが鍵である。ポパー型生物において、実際のところこの記録操作がどう実現されているかについては、かなり論争がある。

認知革命以後、論理学にもとづいた記号計算による認知モデルが研究されるようになったのは、第Ⅰ部で述べたとおりである。このように、脳においても記号の表象操作によって外界モデルが実現しているると主張する立場を「記号主義」（シンボリズム）という。それに対して、神経細胞の結合でつくられるネットワークが外界のモデルになっているとする立場を「結合主義」（コネクショニズム）という。われわれが行動の是非を推定するときには、「大雨のなかで自転車に乗ったらどうなるだろうか」などと、過去の経験が記憶された知覚イメージを想起しているようである。感覚から入力されたパターンの再現という過程は、結合主義が得意とするところである。だが一方で、「情けをかけるべきか」などの抽象的思考や、資金ぐりを計画しているときは、命題を使った論理的演算を行っているような気もする。やはり記号主義が妥当だろうか。(7)

記号主義か結合主義かという論点は、人間が脳内でどのように外界をモデル化しているかに加えて、人工知能開発などの工学の場面で、実際にどのような方針で機械をつくるかにかかわる。どちらの考

(6)　経験主義と合理主義の論争点はここにあり、徹底した経験主義は、あきらかにぶが悪い。ロワイヨーモン人間科学研究センターで論客を集めて行われた討論『ことばの理論・学習の理論――ジャン・ピアジェとノーム・チョムスキーの論争』（藤野邦夫訳、思索社、原著一九七九年・邦訳一九八六年）を参照されたい。また、進化心理学者のスティーヴン・ピンカーは、数をかぞえることから、運動や保存などの基本的な物理法則の認識までもが生得的であると、『心の仕組み――人間関係にどうかかわるか』（山下篤子訳、NHKブックス、原著一九九七年・邦訳二〇〇三年）の第五章で論じている。

(7)　われわれは、物体の写真を心のなかで回転させ、別な写真と一致するかどうかという判定課題をうまく行える。この「見え」の心的回転（メンタルローテーション）が、映写機を回転させるようなアナログ的イメージ表現でなされているか、命題のような論理的なデジタル表現でなされているか、一九七〇年代にさまざまな実験結果をもとにした大きな論争があった。この問題は予想以上に奥深く、その後もたびたび議論をよんでいる。高野陽太郎『傾いた図形の謎』（東京大学出版会、一九八七年）を見よ。

え方をとるかによって、機械の製作方法がかなり異なるので、主張は大きく対立した。歴史的にみると、神経細胞モデルやパーセプトロンは、一九五〇年代の認知革命以前にすでに存在しており、結合主義のほうがスタートが早かったといえる。ところが、パーセプトロンの限界の指摘や、学習をくり返すよりもプログラミングを行うほうが工学的にはるかに簡便であったことから、一九八〇年代後半までは、記号主義が優勢であった。

それでも空白の三〇年間には、神経回路網による連想記憶の研究という、結合主義の基盤になる貴重な成果があがっている。これはパーセプトロンとは違って、回路網のすべての神経細胞が相互に結合して信号をやりとりするタイプのネットワークによって実現される。二次元的なイメージが感覚器官から（解像度に応じた細胞数をもつ）相互結合型ネットワークに入ると、そのイメージをネットワークが結合配線のウエイトの変化として記憶する。かなり多くの異なるイメージが記憶されたあとで、あるイメージの部分パターンをネットワークに提示すると、そのイメージの全体がネットワークから想起される。また、ぼんやりしたあいまいなイメージを提示すると、記憶しているもっとも類似したパターンが連想想起される。言葉の意味の連想検索などにも適用できると期待が高まった。(8)

一九八〇年代には、真か偽かのデジタル的な判断をする記号主義では融通がきかないという批判が現れ、確信度などの量的な尺度を導入してエキスパートシステムを構築しようという動きがでてきた。また人工知能開発では、フレーム問題などの計算量の悩みが表面化しており、ウエイトのついた配線という量的で直接的な関係を表現できる結合主義に期待が寄せられることとなった。けれども、コンピュータのハードウェアは本来、記号主義用の構成である。メモリごとに番地がふられてデータ信号が管理されているので、結合主義のような直接的な配線にはなっていない。そこで、神経回路網をシミュレーションするプログラムを搭載して、記号主義の構成マシンの一部に結合主義の動作を入れた、ハイブリッド（混成）構成のエキスパートシステムも現れた。

しかし、はじめから結合主義の考えで作られているコンピュータ（ニューロコンピュータ）は、現在まで実用化されていない。(9) これは、やはり実用的な問題を解くのには、論理をベースにした記号処理のほうが向いているのが大きな要因である。また言語の構文のように、単語の順番を入れかえたら主客が逆転して表現の意味的役割が大きく変わるといった機能の実現が、結合主義では難しい。計算量の問題も、確かにあらかたの学習がすんでいる回路網の場合は、臨機応変で柔軟な対応がすみやかにできてよいのであるが、学習が進んでいない回路網では依然として大問題である。エキスパートシステムで表面化した知識の改訂にまつわる問題は、結合主義であっても解決の糸口がない。

(8)　ただし拡大・縮小や回転されたイメージの想起には基本的に対応できず、事前のデータ処理が必要となる。詳しくは、中野馨『アソシアトロン――連想記憶のモデルと知的情報処理』（昭晃堂、一九七九年）やコホネン『自己組織化と連想記憶』（中谷和夫監訳、シュプリンガー・フェアラーク東京、原著一九八九年・邦訳一九九三年）を参照せよ。

(9)　実用化されなかったニューロコンピュータの代表的開発例には、ダニエル・ヒリスの『コネクションマシン』（喜連川優著訳、パーソナルメディア、原著一九八五年・邦訳一九九〇年）があげられる。単純な処理を行うシリコンチップを何万個も相互につなげたものであるが、実用的な問題解決のプログラミングが難しい。生体有機化合物で人工的に神経回路網を構成したニューロコンピュータも研究されたが、部品レベルの試作にとどまった。

いろいろ議論はあるが、脳に神経回路網があることは疑いの余地がない。またわれわれは現に記号計算を行っている。ならば、脳という結合主義のコンピュータ構成から記号主義の機能が現れてポパー型生物になったというのが、もっとも合理的なストーリーであろう。ただ、いまだにこの道すじは確実なものにはなっていない。心や意識の実現には神経回路網以上の何ものかが必要なのだろうか。(10)

脳生理学の発展

外界モデルの内的実現は記号主義か結合主義かという議論の一方で、脳にかんする生理学は急速に発展を続ける。一九六二年、ヒューベルとウィーゼルは特殊環境で生育したネコの視覚一次野から、神経細胞の反応選択性を見つけた。特定の方向の縞模様に反応する細胞が、反応する縞の角度を変えながら後頭葉大脳皮質に配列していたのである。一九六六年にロジャー・スペリーは、大脳の左右半球の機能差を調べ、左半球が言語理解に、右半球が空間理解に特化する傾向があることを示した。一九七三年、ブリスとレモは、大脳辺縁系における海馬で信号の長期増強を示し、記憶の入り口のかなめが海馬であることを明らかにした。一九八四年には伊藤正男がパーセプトロンに相当する回路を小脳に見つけた。だんだんと神経科学は、脳生理学として注目をあびてきたのである。

脳は、脊髄の上端部の神経が複雑化して太くなり脳幹を形成し、そこに小脳が付加されたうえ、末端の大脳が膨れあがって全体におおいかぶさった構造をしている。脳の進化も同様の過程を経てきたと思われる。図8―2A（次々頁）は、頭蓋骨をとって脳を左側から見た図であるが、大脳の左半球が全体のほとんどをおおっており、下から小脳と脊髄の上部の脳幹がわずかにのぞいているのがわかる。解剖学的に大脳の各半球は、後頭葉、側頭葉、頭頂葉、前頭葉からなる。とくに前頭葉は、深い溝（中心溝と外側溝）で境界づけられており、霊長類のなかでもヒトに近づくほど、とくに大きくなっている。大脳の表面から深さ三ミリほどの領域を大脳皮質といって、この部分では神経細胞が密集して細胞同士がたがいに密に結合している。大脳表面に多くのしわが見えるが、これによって大脳皮質の表面積が増えている。側頭葉の外側溝部分は溝の内側まで大脳皮質（島皮質）がある。しわの量もヒトに近づくほど増えているので、ヒト特有の高度な脳の働きには大脳皮質が重要と見られている。

図8―2Bは、大脳の左半球と、小脳の左半分を取り除いた図である。脳梁は、大脳の左右両半球を結ぶ神経線維の束であり、これを切ると大脳の両半球の連絡が途絶える。脳梁の上にあり、両半球間の大きな溝の内側奥に位置する皮質を、帯状回といい、注意のネットワークなどに寄与している。脳梁の下部には間脳とそれをとり巻く大脳辺縁系があり、感覚や感情、記憶の面で重要な働きをしている。代表的な器官をあげると、間脳の中心部には視床が位置し、視覚や聴覚などの感覚信号を大脳皮質へと経由している。その下の視床下部・下垂体は、数々のホルモンを分泌して生理的状態のコン

(10)　ペンローズは神経回路網の骨格になるチューブリンの量子的一体化が心を実現しているのではないかと主張した。『ペンローズの量子脳理論』（竹内薫・茂木健一郎訳、徳間書店、原著一九九六年・邦訳一九九七年）を見よ。一方、治部眞理と保江邦夫は、脳内の水が凝集することによる量子効果が生物独特の記憶を司ると『脳と心の量子論』（講談社、一九九八年）で主張している。

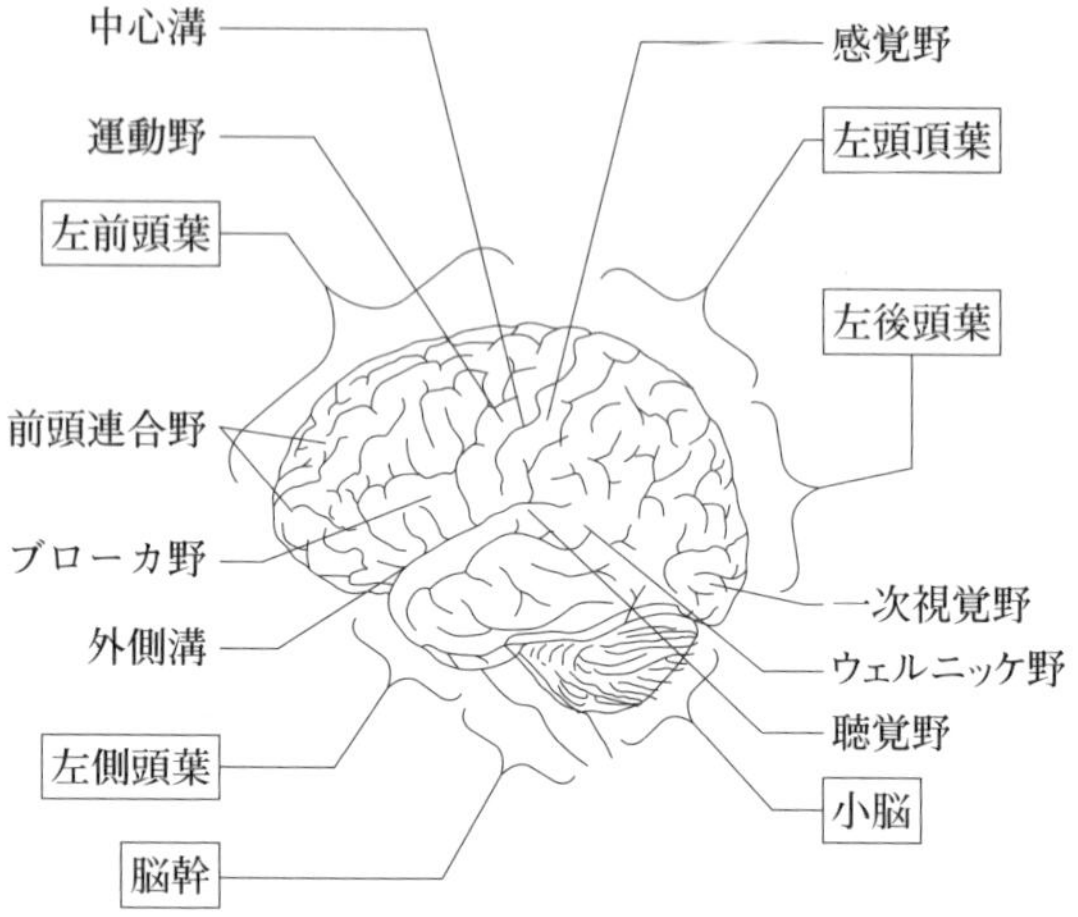

図 8―2A　脳の外観

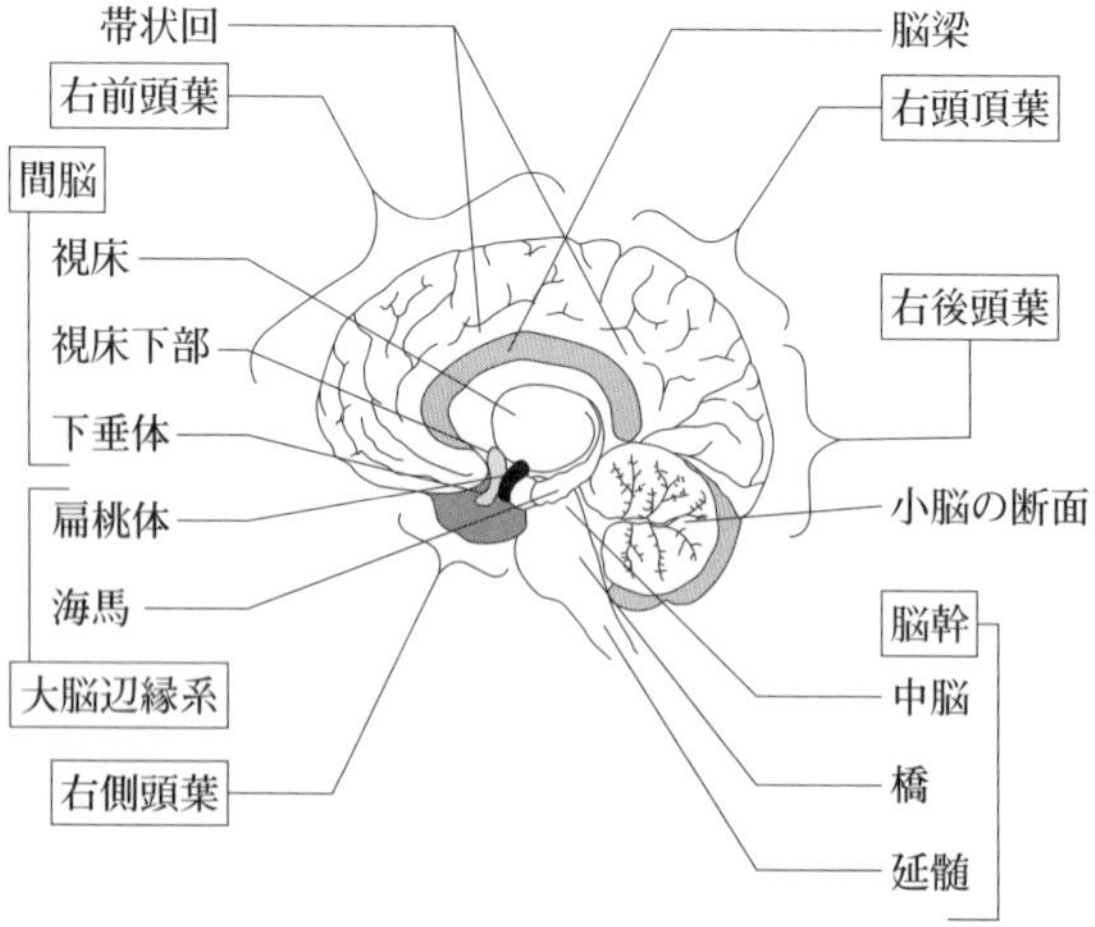

図 8―2B　脳の内部

トロールをしている。大脳辺縁系のうち視床の脇にある一対の象牙形状部分は海馬であり、ここに障害があると新しい長期記憶が形成されない。海馬の前部にある一対のアーモンド状の粒は扁桃体であり、ここに障害があると感情の形成や本能の発露に支障が起きる。図にはないが、視床の上部に位置する尾状核は恋愛などの衝動を担っているらしい。間脳の下方は中脳、橋、延髄を経て脊髄へと続く。中脳の上部はとくに上丘と呼ばれ、注視などに寄与している。小脳は、筋肉の協調運動と平衡制御などを司っているが、最近の研究では、認知機能の一部に関与していることも知られている。(11)

脳生理学の中心は、解剖学的知見と機能のあいだをつなぐ部位研究である。サルの脳細胞に電極をつなぎ、行動課題と細胞活動の連関が判明した。しかし、高度な認知機能については人間の研究が不可欠である。初期の人間の研究は、戦争や事故、あるいは脳疾患で脳の一部に障害を負った患者の行動変化によって、解明が進んだ。有名なところでは、一九世紀にフィニアス・ゲージという鉄道技師が誤って、穴に詰めている最中の爆薬を爆破させ、爆薬を圧縮する棒が左眼下から前頭葉を突き抜けた事例がある。ゲージは左目を失ったものの基本的な身体機能には異常がみられなかった。ところが、事故前は統率力のある人格者であったのが、事故後には粗暴でルーズな性格に一変したのである。ゲージは残念なことに仕事を失い、アルコール漬けになって早死にしてしまうが、脳の損傷部位はかえ

(11)　認知、すなわち「知るということ」は一種の身体運動として情報処理されているのではないか、という考えもある。「三項図式」（第六章）が批判されるなかで、注目されつつある説である。川人光男『脳の計算理論』（産業図書、一九九六年）や月本洋『ロボットのこころ——想像力をもつロボットをめざして』（森北出版、二〇〇二年）を見よ。

って解剖学的に明確になった。圧縮棒は前頭葉の前部（前頭連合野）を破壊していたのである。その部分は、今では多くの情報の統合的判断にかかわっていると考えられているが、なかでも感情的行動のコントロールを担っており、犯罪者の脳では平均して機能が低下していることも知られている。[12]

人間の場合、脳の損傷部位の正確なところは、患者の死亡後に解剖しなければわからないので、研究の障壁となっていた。脳波から脳の働きを見る研究もあるが、頭蓋骨の外側の頭皮の電圧変化を測るのでは、おのずと限界があった。そんななかで、ワイルダー・ペンフィールドは、てんかん治療のために頭蓋骨を切り開いた患者に対して、麻酔からさめた後で、大脳皮質に直接電気刺激を与えて体験を聞く研究を行った。側頭葉のさまざまな部分を刺激したところ、幼少時の体験がありありと想起される「フラッシュバック」などの興味深い事例が多数報告された。[13] しかし、最近の神経科学を推進しているのは、ＰＥＴ（陽電子放射断層撮像法）やｆＭＲＩ（機能的磁気共鳴映像法）などの医療用大型機械である。これらは、糖の消費量や血流などの、神経細胞の活性化におうじて変化する指標を、脳内の空間的位置ごとにモニターできる。頭部が機械のなかに固定されるという限界はあるものの、計算や想像などの人間ならではの認知行動を行ったときに、脳のどの部位の神経細胞群が活性化するかが、画面で確認できる。

認知科学の脳への展開

脳の部位研究でわかってきた代表的成果を、少し紹介する。触覚などの身体感覚に寄与する神経細胞は、中心溝の頭頂葉側のふち（感覚野）に身体部分ごとに区分けされて位置している。そこを刺激すると対応する身体部分に刺激を感じる。各身体部分の運動制御細胞は中心溝の反対側、前頭葉側のふち（運動野）に並んでいる。感覚野と運動野の対応する身体部分は、中心溝を挟んでおよそ同じ位置にあり、それぞれ手の指や顔などの重要な身体部分は大脳皮質でも広い面積を占めている。

視覚認識は、網膜で多少の時空間的情報処理が行われたあと、視床（外側膝状体）を経由して後頭葉（視覚一次野）に至る。その脳の最後尾から、明るさ、方向、色、大きさ、形状、奥行き、動きなどの視覚特徴が、それぞれ特定され、おおまかに言って、物体が「どこにあるか」という情報処理が頭頂葉に向かって進んでいき、「何であるか」という情報処理が側頭葉前部に向かって進む。トレイスマンの実験にもとづく理論によれば、視覚特徴の統合には、さらに注意が一役かっているらしい。(14) いろいろなパターンの断片的要素を画面上に提示すると、注意を向けたところにのみ、統合化されたた

(12) ゲージの事例については、たとえばリタ・カーター『脳と心の地形図』（藤井留美訳、原書房、原著一九九八年・邦訳一九九九年）、犯罪者の脳については、たとえば『心のミステリー』（日経サイエンス社、一九九八年）のギブス論文「犯罪要因を探せ」を見よ。

(13) ペンフィールドは『脳と心の正体』（塚田裕三・山河宏訳、文化放送、原著一九七五年・邦訳一九七七年）のなかで、患者が「意識の状態を超然として客観的に観察しているからには、患者の心は神経の反射的な働きから遠く離れた存在でなければならない」（邦訳一〇四ページ）と心身二元論的見方を表明している。

(14) 認知科学と神経科学の融合研究には、ポスナー&レイクル『脳を観る――認知神経科学が明かす心の謎』（養老孟司・加藤雅子・笠井清登訳、日経サイエンス社、原著一九九四年・一九九七年）を参照されたい。

図８―３　局所文字と大局文字
どちらに注目するか

パターンが見える錯覚があることから、われわれはむやみに統合処理をせずに、注意したところに限定して行っていると想定される。この現象には、目標を焦点的に感知することで全体がとらえられるとする、暗黙知に通じる特徴がかいま見える。

文字の読み上げは、文字認識が視覚一次野から側頭葉にかけてなされ、さらに外側溝の後端部の側頭葉側にあるウェルニッケ野で意味理解がなされたあと、中心溝の下端部に位置する運動野脇にあるブローカ野で発話が構成され、隣接した運動野で口蓋や舌の制御がなされる。ウェルニッケやブローカなどの名称は、それぞれ障害患者の事例を扱った研究者の名前がつけられている。ウェルニッケ症候群の患者は、意味のわからない言葉をしゃべりまくるが、ブローカ症候群の患者は、言葉の意味はわかるが正しくしゃべれないのである。

左右の大脳半球の差異もある程度わかっている。今述べたような言語の処理（とくに発話）は、通常左半球のみで働いている。また角田の研究によれば、日本語が母国語になっている者は、一般に母音や子音などの音声を左半球で聞くが、英語が母国語になっている者は、子音のみを左半球で聞き、母音は右半球で聞いている。日本語では母音を重視した単語のつくりになっているのに対し、英語では子音が単語の識別（左半球の処理）の決め手になっているからである。「蛙飛び込む水の音」などの環境音は母音に類似しているので、日本語に順応していると音声のように左半球で聞きとるが、英語に順応していると雑音と同様に右半球で聞きとってしまうという。[15]また視覚パターンについては、左半球では細かな分析作業を、右半球では大ざっぱな全体的把握を行っている。図8―3のようなパターンを示し、個々の文字Qに注目させると左半球が活性化し、全体の文字Tに注目させると右半球が活性化する。[16]記憶も格納段階では左半球が、検索段階では右半球が働くようである。

高度な判断が関与する部位はよくわかってないが、注意の研究などから前頭葉が比較的重要と思われている。思考の途中段階を蓄える短期記憶（最近では作業記憶と呼ばれる）のかなめは前頭葉の前方部にあるらしい。人の顔を見ても実感が伴わず、物のように見えるカプグラ症候群が知られているが、患者は辺縁系の扁桃体に異常がある。大脳皮質における一連の物体認識は前頭葉に向かい、そこで辺縁系からの信号と合体して情報処理されると考えられるが、カプグラの患者は後者の感情的手がかりを失っているようである。一九四〇年ころ、精神疾患の治療の目的で、額にアイスピック様の器具を差しこんで神経線維を破壊する、ロボトミー手術が行われた。疾患は緩和されたようだったが、感情的判断が失われ患者はロボットのようになってしまった。ロボトミー手術でも、辺縁系から前頭葉に至る信号が阻害されたと考えられる。

このように脳生理学の発展により、認知科学の研究に新たな水準が加わった。心理学的な課題実行

（15）　音声処理にかかわる左右半球差の文化的比較研究については、角田忠信『日本人の脳――脳の働きと東西の文化』（大修館書店、一九七八年）を見よ。
（16）　たとえば、前掲『脳と心の地形図』の第二章を見よ。

実験の結果を説明する神経回路網のモデル研究と、それが脳のどの部位で実際に行われているかの神経科学的研究の連携である。こうして認知科学のモデル評価に、心理学的妥当性と工学的妥当性に加えて、そのモデルの相当する神経回路網が脳に実際にあるかどうかの神経科学的妥当性が盛りこまれたのである。最近では、神経科学的妥当性を重視する研究アプローチを「認知神経科学」とも呼ぶようになってきた。

さて、認知神経科学が発展すれば、心的機能が脳の活動によってすべて説明される可能性があるのだろうか。これはいささか疑問である。神経回路網の研究は、神経細胞の配線位置関係と活性化パターンが、心的機能とどのような「相関」があるかを示す。自由と責任について考えるときは神経細胞P、Q、Rが活性化し、道徳的行為にかんして考えるときには神経細胞X、Y、Zが活性化するといった具合である。しかし、神経細胞P、Q、Rの活性化が、自由と責任について考えたことによる単なる「副作用」でなく、その心的活動が起きた「説明」になるためには、神経細胞が心的機能を「ひきおこす」などの強い関係を描写する理論が必要である。細胞の発火の組合せがいかにして、たとえば自己意識を形成するのか。両者はかなりレベルの異なった概念のように思われる。そのような概念間の関係づけをするにはまず、結合主義をもとにした記号計算の実現、言語表象と意味内容の対応づけなどを説明する段階をふまねばならないだろう。脳の部位研究にとどまることなく、神経回路網の理論的研究の進展が望まれる。

まとめ

経験にもとづいて学習をして行動を改善する生物では、神経細胞間の配線の強さが経験によって変化すると考えると、その現象がよく説明できる。認知科学では、従来の記号計算にもとづく説明をする立場を記号主義というのに対し、こうした細胞間の結合ネットワークの動作で認知過程を説明する立場を結合主義という。脳生理学の発展で、脳が大規模な神経回路網で構成されていることがわかり、神経細胞群の部分的な役割も判明してきた。また進化の過程で、脳が段階的に拡大してきたことも明らかになっている。学習による行動改善だけでなく、外界モデルを内的に保有して計画を立てる生物は、さらに記号計算を行っていると考えられる。ならば、脳の神経回路網で記号計算を実現する方法が合理的に説明されねばならない。だがこうした見通しは、まだ十分に立っていない。

第九章　心的機能のモジュール構造

——認知も進化の産物か

社会的コミュニケーション

グレゴリー型生物を特徴づけるのはコミュニケーションであった。しかし一方で、ミツバチのような下等とされる動物（おそらくスキナー型生物）にも、抽象化した記号を用いた情報伝達が知られている。働き蜂は、蜜のありかを巣に帰って他の蜂に8の字ダンスで知らせるのだが、ある条件では太陽と餌場の角度を重力とダンスの進行方向の角度で表現するのである。(1) ミツバチのこうした情報伝達とグレゴリー型生物のコミュニケーションを比較すると、グレゴリー型生物の特徴がよくわかる。グレゴリー型生物は異質（ヘテロ）な個体が集団を形成し、コミュニケーションを介した相互理解を行っているのだ。

（1）　カール・フォン・フリッシュ『ミツバチの不思議——その言葉と感覚』（内田亨訳、法政大学出版会、原著一九五〇年・邦訳一九七〇年）を見よ。

働き蜂は自ら子孫を残すこともなく、また自己の生存を省みることもなく、巣のため女王蜂のために働く。働き蜂の遺伝子はすべて同一で、女王蜂の遺伝子の一部であるから、働き蜂の遺伝子の指令は自己の保存に向かわず、女王蜂の保存に向かうのである。(2) すなわち、ミツバチの情報伝達は、遺伝的にも利益目標のうえでも同質（ホモ）の個体間でなされていると言える。こうした情報伝達は、相手の確認作業がそれほど必要でなく、しばしば一方通行の、単純な情報伝達になる。

それに対してグレゴリー型生物のコミュニケーションは複雑である。遺伝子がかなり異なる個体同士、つまりかなり異なる遺伝子の指令にもとづいて行動する個体間で、相互確認をしたうえで情報伝達せねばならない。この作業はなかなか面倒であるにちがいない。しかし、最初はミツバチのような血縁のある家族間で行なわれた情報交換であるが、集団での協力活動から得られる資源（食・住・安全など）が遺伝子の保存に多大な貢献をするにしたがい、コミュニケーションへの動機が高まっていったと考えられる。協力集団の形成に対する努力を指令する遺伝子が、代々ひき継がれるようになったのである。

そして、コミュニケーションの手段も進化してきた。まなざしや指さし、叫び声からジェスチャー、言葉へと複雑さを増した。また、石斧や弓矢、土器などの人工物も、コミュニケーションを媒介するようになった（前に述べたグレゴリーの指摘）。さらに、言語などの抽象的概念の伝達法が出現することによってコミュニケーションの複雑度が増し、意識が成立してきたと考えられる。たしかに、意識はポパー型生物の時点で少なくともある程度は成立していたとも言える。(3) ポパー型生物は、内的な想像力をもつため、それによって生成される精緻な環境モデルには、必然的に自己のモデルが伴うはずだからである。けれども、そのような自己のモデル化は、ポパー型生物のうちは自己反省の度合いが弱いものであり、意識の前段階と考えられる。意識は、グレゴリー型生物の集団環境におかれ、個体が社会的行動を身につける段階ではじめて成熟するとみなされる。

ここで以下の章の展望をしておこう。本書では、心的機能のうち大ざっぱに、われわれが自覚できる部分を「意識」、自覚できない部分を「無意識」と呼び、(4) 本章以降では、グレゴリー型生物の段階

(2)　血縁にかんする自然淘汰の場合は、遺伝子の類似性にもとづいた包括的な適応度を考える必要があるとハミルトンがはじめて指摘した。遺伝子は、自己の生存だけでなく血縁（類似した遺伝子）の保存を図ることでも生き残るからだ。さらにロバート・トリヴァースは、コストと恩恵の比較計算式によって、親子の葛藤が的確に表現できることを『生物の社会進化』（中嶋康裕・原田泰志・福井康雄訳、産業図書、原著一九八五年・邦訳一九九一年）で明らかにした。

(3)　たとえばアントニオ・ダマシオは『無意識の脳・自己意識の脳――身体と情動と感情の神秘』（田中三彦訳、講談社、原著一九九九年・邦訳二〇〇三年）のなかで、中核意識と延長意識という用語で意識をふたつに分けている。前者がポパー型生物の段階の意識に、後者がグレゴリー型生物の段階の意識におおよそ相当するとみられるが、本書と異なり、前者のほうをより重視している（邦訳二三四～二三五ページ）。

(4)　「意識」にかんする例外的用法について解説することで、本書における意識の概念をさらに明確化しよう。まず、医学的に「意識がある」という場合は、覚醒していること（あるいは眠っていないこと）の言いかえである。たとえ覚醒していても、ぼーっとしているときや酩酊状態には意識がないことがある。また眠っていたとしても夢見状態であれば、自己感覚があるので「意識がある」といってよい。しかし夢見状態は、自己の統一感など、覚醒時の意識に比べて欠けたところがあるのは否めない。また、質問紙調査などを「意識調査」ということがあるが、この場合は、調査対象者の意見や知識を「意識」と称しているだけである。ただ、調査対象者が、質問にあがっている心理状態に焦点づけし、自己について反省的に評価した結果を回答したとすれば、その回答時点では「意識」が行使されたとは言えよう。

で「意識」が現れたと言える可能性を探っていく。進化が環境適応の過程であれば、意識の誕生も環境への適応的な意義があるはずだ。意識は一人称的性格が高いので、なかなか科学的な検討対象となりにくいが、進化の文脈において意識の適応上の目的という観点から議論していく。

生存競争における社会的戦略

自らの遺伝子の存続をかけて生存競争をくりひろげる生物個体が、本来ならば競争相手であった異質な遺伝子をもつ個体と手を組み、協力集団を形成するなかでコミュニケーションが進化してきた。ところが、この集団を形成する個体それぞれは、大きなジレンマを抱えている。集団に協力して共有資源の増加に貢献すべきか、それとも競争して自分の確保する資源を増やすことに努力すべきかである。個体それぞれは、おのおの異なる願望・欲求・信念・意図をもち、協力集団は必ずしも「一枚岩」ではなくなっているのである。

まず比較的単純な戦略をみていくために、鳥の生態になぞらえて考えてみる。餌をめぐって互いにしのぎをけずる好戦的なタカと、戦いを好まず餌を分けあう平和共存的なハトがいるとする。ハトばかりがたくさんいる地域にタカが進入すると、ハトを攻撃して餌をひとりじめできる。だからタカが少ない地域には、タカが進入しやすい。しかし、タカ同士は餌をめぐって戦うので、傷を負ったり体力を消耗したりと、支払うコストも大きい。ある程度タカが多くなると、その地域はタカにとって有利ではなくなり、戦いに乗じて、こんどはハトが「漁夫の利」的に有利になる。どうやら、ハトとタカの均衡（バランス）のとれた存在比率がありそうである。

ある地域が、ハトとタカの均衡比率になっていない場合、そこにいる個体はハトにもなれるしタカにもなれる（戦略の変更ができる）ともっと有利である。ハトが多い地域では自分はタカになり、タカが多い地域では自分はハトになればよい。ところが、すべての個体が戦略の変更ができるとなると、これはやっかいである。タカとハトの存在比率は変動し、いまはタカが多いのかハトが多いのかわからなくなる。そこで、「なわばり戦略」が登場する。自分の周囲の地域を自分で限定し、その範囲ではタカになり、その外ではハトになるのである。なわばりを表明し、それを互いに認識すれば無用な戦いをさけられる。こうして、「なわばり」という概念が、生態学的に発生したのである。

なわばり戦略は「進化的に安定な戦略」である。(5) ハトが優勢になるとタカにやられるし、タカが優勢になるとハトにしてやられる。けれども、なわばり戦略は、単純なハトやタカよりもつねに優勢であり、なわばり戦略をもつ個体が生存競争に勝って子孫を増やしても依然として有利であるので、なわばり戦略は進化の途上で安定的に成立することができる。

われわれの社会でも、個人（法律用語では自然人）や法人に帰属する財産は、ひとつのなわばりと考えることができる。鳥はそこにある餌を収集するだけであるが、われわれ人間は食料を生産・調達

（5）　進化的に安定な戦略とは、端的に言えば、同じ戦略をもつ個体が蔓延したときに、その他の戦略をもつ個体を寄せつけないような戦略である。ジョン・メイナード＝スミスが『進化とゲーム理論――闘争の論理』（寺本英・梯正之訳、産業図書、原著一九八二年・邦訳一九八五年）のなかで議論している。

		囚人Bの戦略	
		協　力	裏切り
囚人Aの戦略	協　力	1点 / 1点	2点 / −1点
	裏切り	−1点 / 2点	0点 / 0点

表9―1　囚人のジレンマの利得表

することができる。生産などの営みには人間同士の協力が必要なので、人間の場合は、なわばりを超えた協力活動の戦略が重要になってくる。

ジレンマ状況の対応戦略

いろいろなジレンマ状況をモデル化し、社会的な認知や行動を理論的に検討する研究分野に「ゲーム理論」がある。[6] ゲーム理論では、「利得表」で戦略効果を簡潔に表現して、戦略のよしあしを評価する。表9―1には、「囚人のジレンマ」と呼ばれる典型的なジレンマ状況を示す利得表がある。ふたりの共犯者（囚人Aと囚人B）が警察につかまって、おのおの別室で尋問を受ける状況である。警察は「犯行を自供して共犯相手を有罪にする決め手を提供すれば減刑になるぞ」と仲間割れを誘う。ふたりとも黙秘を続ければ証拠不十分で無罪放免になる可能性がある。が、どちらかが自供すれば、自供したほうが得をし、自供されたほうが損をするのだ。両方とも自供してしまえば警察の思うツボである。

つまり、両者ともに協力を続けると、そこそこの利得（1点ずつ）があるのだが、どちらかが裏切ると、裏切ったほうが得（2点）をして、裏切られたほうが損（マイナス1点）をする。両者とも裏切ると損得なしの0点とする。すると、1回きりの囚人のジレンマ状況では、裏切るのが得策である。なぜなら、相手が協力をする場合、こちらが協力すると1点、裏切ると2点で、裏切るほうが利得が高い。ぎゃくに相手が裏切る場合、こちらが協力するとマイナス1点、裏切ると0点で、こちらも裏切るほうが高い。自分の損得勘定だけならば、裏切るのが有利な戦略なのだ。

囚人のジレンマは、商取引や人間関係など、社会のいたるところにみられる。ところが、われわれはふつう裏切らない。それは社会におけるジレンマ状況が通常、同じ相手同士でくり返されるからである。「くり返しのある囚人のジレンマ」は、基本的に協力を続けるのが得策である。なぜなら、それによって両者の利得の「合計」をつねに最大にできる。両者が協力すると合計利得は、1点＋1点＝2点であり、他の組合せはどれも2点よりも少ない。

協力関係が形成されると、相手はいつも協力してくれるので、こんどは機会をみてときどき裏切るのが得になる。実際の社会でも、ときにはそうした不届き者もでてくる。では、相手が裏切ったらつぎにどのような戦略をとるのがいいのだろうか。裏切りの応酬では泥沼になってしまう。政治学者のアクセルロッドは、囚人のジレンマ状況をくり返す局面で、どんな戦略が有効かを実験的に調べた。(7)

(6)　ゲーム理論の創始者は、実用的なコンピュータの基礎と量子力学の数学的基礎を築いた、フォン・ノイマンである。原爆の開発にも加担したことから平和運動を志すことにもなる。ウィリアム・パウンドストーン『囚人のジレンマ――フォン・ノイマンとゲームの理論』（松浦俊輔ほか訳、青土社、原著一九九二年・邦訳一九九五年）に彼の伝記がある。

(7)　ロバート・アクセルロッド『つきあい方の科学――バクテリアから国際関係まで』（松田裕之訳、ミネルヴァ書房、原著一九八四年・邦訳一九九八年）を見よ。

彼は、戦略プログラムによる対戦競技会を催したのである。戦略プログラムは、「相手が協力を一〇回つづけたら二分の一の確率で一回裏切る」などの部分的な戦略を組み合わせたものである。当然、相手の出方によって戦略プログラムは高利得を取ったり取らなかったりする。競技会の結果、最大利得をとったのは、「しっぺ返し（オウム返し）戦略」プログラムであった。

しっぺ返し戦略とは、はじめは協力で、あとは相手の前の回の出方をまねる戦略である。相手が裏切らないかぎりは協力であり、相手が裏切るとしっぺ返しでこちらも裏切る。相手が協力に転じたら、こちらも水に流して、また協力を続けるのだ。しっぺ返し戦略は、大きくは勝たないが、大きく負けることがめったにないので、対戦結果を総計するといつも高い利得をあげることができた。われわれも日常的にこのような戦略をとっているようだ。みなが広くとっている戦略であるところをみると、しっぺ返し戦略も、進化的に安定な戦略であろう。相手の前回の態度のみを覚えていればいいので、認知的処理も倹約できるという利点もある。

4枚カード問題と裏切り者発見

社会的状況のなかでしっぺ返し戦略を実施するには、相手が協力者か裏切り者かを見分けねばならない。われわれが顔で個体を識別できるのは、しっぺ返し戦略を行ううえでの必要条件である。顔の識別能力は社会的協力の実現に向けて進化してきたのかもしれない。加えて、裏切り者の判定には、裏切り行為が認識できなければならない。われわれはどうも、この裏切り行為の認識能力も高いようである。それが明らかになったのは、ウエイソンの4枚カード問題の研究からであった。

4枚カード問題は古くから知られている、認知心理学の実験課題である。たとえば、表に「A」か「D」のどちらかが、裏に「4」か「7」のどちらかが印刷されているカードがたくさんあると想定する。それらのカードが床に落ちてバラバラになっている状態で、「表が母音のカードの裏はかならず偶数である」という規則が満足されているかどうかを確かめるためには、どの文字が見えているカードをめくって反対側を調べる必要があるか、という問題である。この4枚カード問題は、問題の意味を理解するだけでも難しい。正しい解答は、「A」(母音)が見えているカードと、「7」(奇数)が見えているカードは、めくって反対側を調べる必要がある、となる。なぜなら、母音の反対側は偶数であるかどうか調べなければならないが、子音「D」の反対側はどちらでもよいので調べる必要がない。もし奇数が見えていれば、反対が母音になっていて規則違反でないかどうか調べる必要があるのだ。正答できるのは論理学の素養のある少数の人だけで、ふつうの人は解答を聞いてもピンとこない。

では、次の変形4枚カード問題はどうだろうか。表に「ビール」か「コーラ」のどちらかが、裏に「二四歳」か「一六歳」のどちらかが印刷されているカードが、床に落ちてバラバラになっている。その状態で、「表がアルコールのカードの裏はかならず成人である」という規則が満足されているかどうかを確かめるためにはどうしたらよいか。この問題の場合は、「ビール」が見えているカードと、「一六歳」が見えているカードの反対側を調べる必要がある。「アルコールを飲んでいる人は何歳か」とか「未成年は何を飲んでいるか」とかと考えると、解答がすぐにわかるだろう。このふたつの4枚

図9—1　いろいろな4枚カード問題

カード問題は、問題の論理的構造は同一であるが、問題の表現が異なるのである。論理的な記号操作を行うコンピュータにとっては、どちらも同じように単純である。ならば、どうして人間にとって前者の4枚カード問題は難しく、後者のほうは簡単なのだろうか。

当初、わかりやすい状況設定であると簡単になるとか、なじみのある言葉で表現されていると簡単になるとかの仮説が立てられたが、たくさんの変形4枚カード問題にもとづく実験で、鍵となる概念が判明した。われわれは、4枚カード問題が「社会的な契約事項からの裏切り者を見つける」という文脈におかれる場合に、解答が容易になるのだ。図9―1の③の4枚カード問題「キャッサバを食べているならば、顔に入れ墨がある」は、キャッサバとかモロの実とかの、なじみのない言葉が出てくるが、顔に入れ墨があるのは結婚の印で、それがあれば貴重なキャッサバが食べられるという趣旨の物語をさきに聞かせておけば、正答率は飛躍的に向上する。④の「秋津中学へ入学するのは、秋津市民である」は、なじみのある言葉が登場するが、中学校への進学は自治体の人口比によって決まるという、契約のない文脈では向上しない。(8)

つまり、われわれは裏切り者に敏感なのである。そのような認知機能があるからこそ、裏切りに対する抑止力が働き、協力活動が円滑に行えるのだ。裏切り者に敏感な人々の集団と、敏感でない人々の集団が互いに競争したと想像すると、どちらが勝利をおさめるかはおのずと明らかだろう。

一万年前の認知考古学

裏切り者を認知できる個体の集団のほうがチームワークがよく、集団としての生存力が強い。裏切り者を認知する機能は、異質な者同士の協力集団という環境において適応的個体群を形成する要素な

(8)　松沢哲郎・長谷川寿一編『心の進化――人間性の起源をもとめて』（岩波書店、二〇〇〇年）の第一章、および長谷川寿一・長谷川眞理子『進化と人間行動』（東京大学出版会、二〇〇〇年）の第八章に詳述されている。

のだ。われわれの脳のなかにはきっと、進化的に獲得された「裏切り者検知モジュール」があるのだろう。このモジュールが協力活動の源泉であると同時に、迫害や人権侵害の副作用も及ぼしているにちがいない。

「モジュール」とは、ある程度独立性のある機能単位を指し示す用語で、認知科学で心的機能を実現する構造をモデルとして記述するときに、頻繁に用いられる。[9] 心的機能をソフトウェアとして記述する場合の「サブルーチン（ソフトウェアの機能的まとまり）」に相当するものとみることができ、脳とコンピュータを対比的に把握する、貴重な手がかりのひとつでもある。

コスミデスとトゥービーは、「心はアーミーナイフ（ナイフやフォークやスプーンなどが折りたたまれて一体化した携帯用ナイフで、おもに軍隊で使われる）」というスローガンのもとに、心はさまざまな認知的機能モジュールの集まりであると主張する。[10] そして、個々のモジュールはそれぞれ適応的な意味をもって進化上獲得されたものであり、どのようなモジュールがどのような進化的意義をもっているかを研究する「進化心理学」という学問分野を提唱した。

ある心的機能を実現するモジュールが生得的に保持されているかどうかを推測するには、「一万年前ルール」が役に立つ。約七百万年前に猿人から分岐し、二百万年ほど前までには石器を使った生活をはじめていた原始人類（ホモ属）から、われわれホモサピエンスは、進化して出現したとされる。その後、十数万年ほど前にアフリカから移住を開始して、一万年前までには狩猟採集の生活をしながら地球全体の陸地に広がっていった。一万年前以降、農耕が生まれて定住生活がはじまり、町や都市ができて文明が発達してきた。ホモサピエンスの生活環境はこの一万年で急速に変化したのである。ところが、一万年前以降の進化の歴史をみると、われわれホモサピエンスは五百世代ほどしか経過しておらず、解剖学的にも脳の構造はほとんど変化をとげていないと考えられる。すなわち進化論から、一万年前までの狩猟採集の生活環境に適応したモジュールのみが、生得的に保持されている可能性が高いという「一万年前ルール」が成立する。

つまり、狩猟採集の生活環境から、われわれの心の機能が推定できるし、ぎゃくにわれわれの心の機能が分かれば、一万年前の生活様式や風習の一端が推測できる。これは、認知科学が考古学に貢献する道筋を示している。

心のなかの社会

われわれが知能と呼ぶものにもモジュール構造があるのかもしれない。ハワード・ガードナーによ

(9)　モジュールにかんする代表的な論客には、「思考の言語」を提唱し、計算論的な認知理解のアプローチを推進するジェリー・フォーダーがいる。彼は『精神のモジュール形式——人工知能と心の哲学』(伊藤笏康・信原幸弘訳、産業図書、原著一九八三年・邦訳一九八五年)のなかで、自動的で介入できない周辺系のモジュール群と、全体的性格をもつ中央系のモジュール群とを区別して論じている。おおまかに言って、前者が無意識にかかわるモジュール、後者が意識にかかわるモジュールに相当するのだろう。

(10)　たとえば、ジョン・カートライト『進化心理学入門』(鈴木光太郎・河野和明訳、新曜社、原著二〇〇一年・邦訳二〇〇五年)の九一ページを見よ。

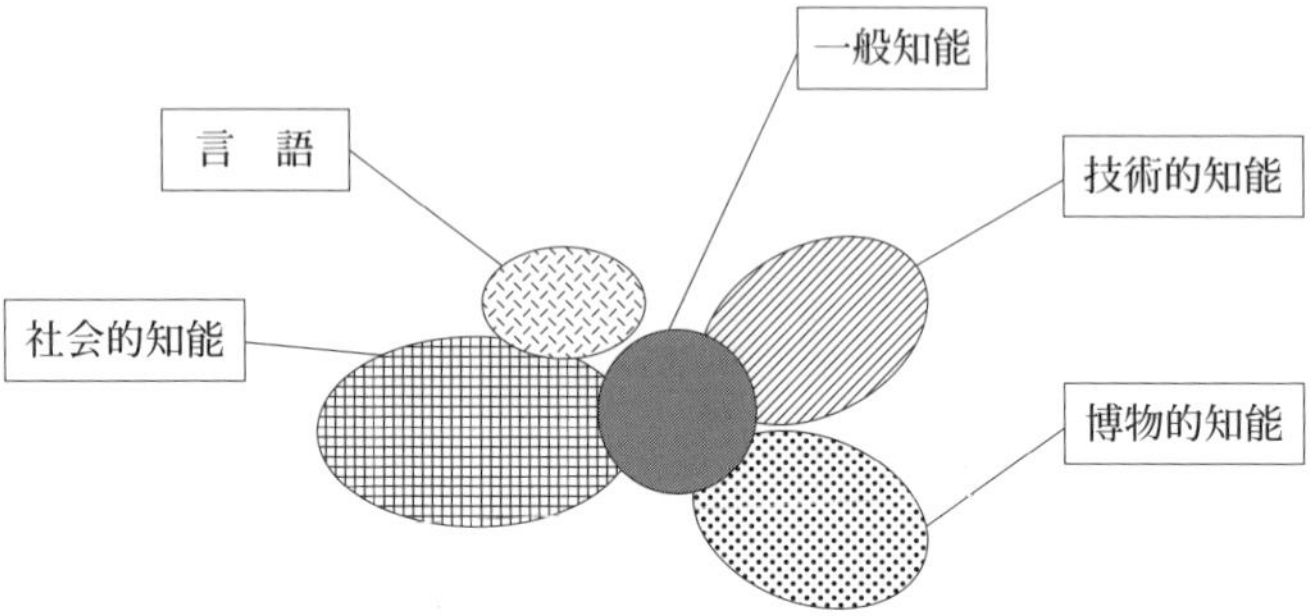

A　初期の人類

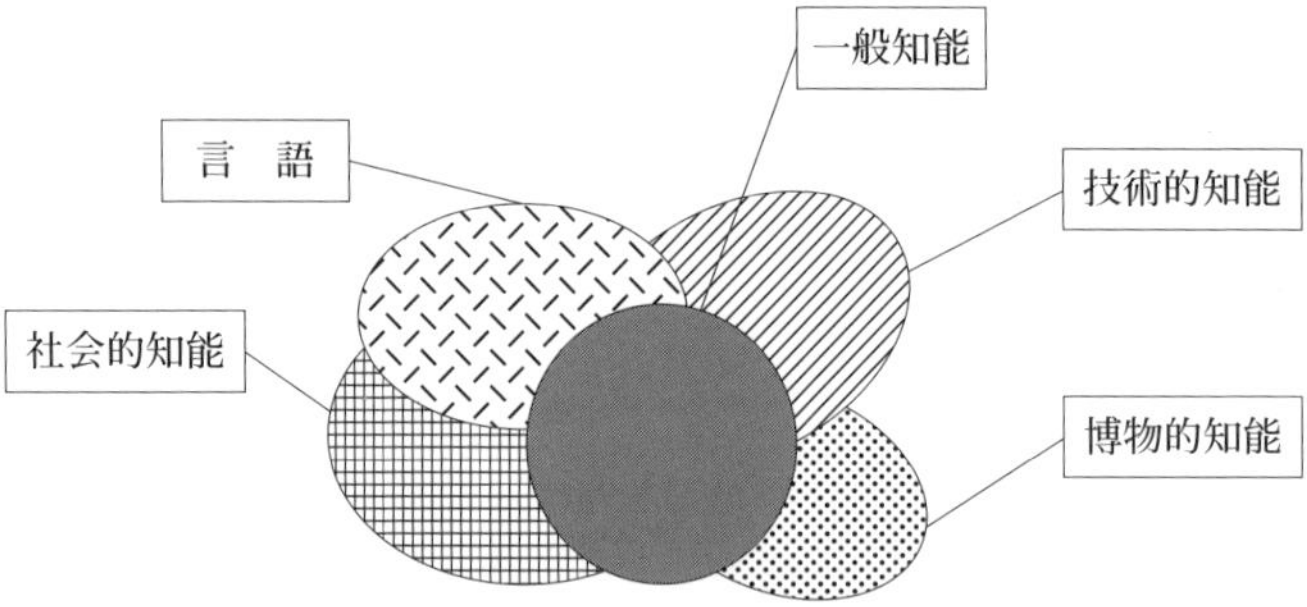

B　現在の人類

図 9—2　ミズンによる知能の進化図式

ると、知能は九種類あり、知能が高いといっても人それぞれに特徴があるという。九種類の知能とは、言語能力、論理数学能力、空間能力、音楽能力、身体運動能力、対人能力、自己制御能力、自然認識能力、哲学宗教的能力である。伝統的な知能（ＩＱ）テストでは、最初の三つのみが対象となっており、一般知能の検査としては不十分である。最近になって、対人能力と自己制御能力は、社会的・感情的知能（ＥＱ）として注目された。哲学宗教的能力に関連してスピリチュアルな知能（ＳＱ）というのも提案されている。[11]

また、認知考古学を提唱するスティーヴン・ミズン[12]は、人類が優秀になった進化過程を次のように説明する。霊長類の時代に生き抜くために必要であった、技術的知能、言語的知能、社会的知能、博物的知能は、それぞれ別の知能モジュールとして発達してきた（図９―２Ａ）。それが人類になると、一般知能を中核におのおのに接点が生まれ、相互の協調的利用が促進された（図９―２Ｂ）。その結果、複雑な問題解決も可能となってきたのだという。

(11)　ハワード・ガードナー『ＭＩ――個性を生かす多重知能の理論』（松村暢隆訳、新曜社、原著一九九九年・邦訳二〇〇一年）、ダニエル・ゴールマン『ＥＱ――こころの知能指数』（土屋京子訳、講談社、原著一九九五年・邦訳一九九六年）、およびダナー・ゾーハーとイアン・マーシャル夫妻の『ＳＱ――魂の知能指数』（古賀弥生訳、徳間書店、原著二〇〇〇年・邦訳二〇〇一年）を見よ。

(12)　認知考古学の啓蒙的著作は、ミズン『心の先史時代』（松浦俊輔・牧野美佐緒訳、青土社、原著一九九六年・邦訳一九九八年）である。ただし、この考古学は一万年前にかぎったものであり、たとえば十万年前に同じ論法は適用できないことを忘れてはならない。図９―２は、ミズンの議論をもとに著者が図式化したものである。

認知科学者のマーヴィン・ミンスキーは、次のような自分の経験をもとに、心のなかのモジュール構造を「心の社会」として、探究の対象としている。(13)

私は、ある問題に集中しようとしたが、あきて眠くなってしまった。そこで私は、ライバルの一人であるチャレンジャー教授が同じ問題をあわや解きかかっていると思うことにした。そして、チャレンジャー教授の努力を水の泡にしてやろうというライバル意識で、私はまたしばらくの間、問題を解こうとし続けた。ところが奇妙なことに、この問題にチャレンジャー氏が関心を持ったことなど、いまだかつてなかったのである。

この例では、問題を解く機能モジュールが、眠りの機能モジュールに邪魔されそうになったので、ライバル意識を刺激する物語を作成し、怒りの機能モジュールを起動することで、眠りの機能を排斥したと考えられる。なぜこんな面倒なことをするのだろうか。少し考えると納得がいく。問題を解くという機能モジュールが、直接眠りの機能を排斥できたなら、問題を解く間じゅう、われわれは眠らずにいて、すぐに身体がまいってしまうだろう。心のなかに社会があるとすると、そのうちの私たちの意識している部分は、あたかも政治家の役割を果たしているようである。数々の機能モジュールをなだめたりすかしたり、それらの能力を最大限に発揮させる調整役なのである。

意識している部分がひとつであることも、進化の結果なのだろう。認知のモジュールが増えたにもかかわらず、速やかな判断をするのに有利な機能として、われわれに備わったのではなかろうか。判断の主体となる部分がいくつも存在すると、それらが戦いをおこし意思決定がなかなか行えなくなる。天敵が襲ってきたら、きっとやられてしまうだろう。まさに「船頭多くして船山に登る」である。

こうして意識は、心の社会における多くのモジュールとコミュニケーションをとりながら、内的世界の安定性を維持しているのだ。いわゆる神話や宗教などが提供する世界観は、内的世界の安定や安心を形成する格好の物語として導入されたにちがいない。無宗教とされる人でも、それに変わる独自の物語を暖めているのだろう。(14)

まとめ

生物進化の高い階層準位では、遺伝子が大きく異なる個体同士が協力して生産活動をするようになった。人間を代表とするそうした生物は、コミュニケーションによって特徴づけられる。円滑な協力

(13)　ミンスキー『心の社会』(安西祐一郎、産業図書、原著一九八五年・邦訳一九九〇年）の邦訳四六ページ。この本は、心のなかがモジュール集団の協調社会になっているというありさまを、心の機能別に描写している。結合主義から記号主義への展開の手がかりが満載されている。

(14)　科学的な世界観がむやみに浸透すると、独自の物語が形成できなくなり、内的世界の安定性がゆらいでしまう問題がある。科学と人間性の調和に向けて情報学の貢献が期待される。西垣通も『情報学的転回——ＩＴ社会のゆくえ』(春秋社、二〇〇五年）のなかで、情報学をおしすすめると必然的に、機械的人間観から「聖性」を重視する人間観への転回が見えてくると主張している。

を可能とするコミュニケーションの実現には、高度な心的機能が必要である。集団の利益と個体の利益は相反することも多いので、個体によっては協力か裏切りかのジレンマ状況にある。協力集団内に資源をかすめとる裏切り者が出現するのも当然であるが、それを排除して協力を維持するには裏切りをいち早く検知しなければならない。だからわれわれ人間は、裏切り者検知モジュールを進化の過程をとおして身につけてきたにちがいない。心にはそれ以外にもさまざまな機能モジュールが備わっており、「心の社会」とも呼べるような複雑な構造になっている。その「心の社会」のなかで意識は、重要な調整役を担っているのだ。

第一〇章　意識の諸性質
――記憶は体験の記録か

無意識の私

心の機能構造のうちの一部分は、意識によってその働きを自覚できたり、主体的にコントロールできたりする。システム工学の用語では、前者の能力を「可観測」、後者の能力を「可制御」という。コンピュータシステムでは「中央制御装置」があり、そこがシステムの状態を観測し、将来計画にもとづいて合理的な判断を行い、各部分に指令を出して制御する。われわれが意識と呼んでいるものは、一見したところ中央制御装置であるかのようである。ところが、意識で観測・制御できるところは意外に少ない。われわれは、自分自身の身体感覚や感情や記憶について、一部分しか意識していないし、多くの場合は意識しようとしても意識できない。たとえば、先ほど口にした食べ物が胃のどの位置にまで至っているかは、意識では通常観測できない（胃が消化不良をおこしたときは観測できることもある）。心臓の活動は自動的であり、鼓動を止めることなどの意識的制御はできない（恐怖をイメージするなどの感情のコントロールを介すれば心拍数の変化程度は可能である)。どうも意識は、食料を消化吸収する、血液を循環させるといった、生きるための基本的要件という水準よりも、高い水準の進化的要請から成立してきたと思われる。[1] 本章では、意識の特徴をふり返りながら、この点を掘り下げて考える。

すでに前章で説明をはじめているが、意識の第一の性質は「部分性」である。意識は心的機能のほんの一部分しか感知できないのである。劇的な事例にはヴァイスクランツによって報告された、見えるという自覚がないのに見えている「盲視」という現象が知られる。脳障害によって自覚的には完全に盲目である(世界は真っ暗である)にもかかわらず、当てずっぽうの判断を促すと、外界にある物体の位置や形や運動方向をかなり確実に報告できる。これは通常の意識できる視覚認知モジュールが働いていないが、他の(無意識の)認知モジュールがほぼ完璧に働いて、その判断結果のみが意識できていると考えられる。[2]

反対の事例には「盲点」がある。見えていないのに見えるという自覚を、われわれも簡単に体験できる。図10－1(次々頁)の☆印を右目で見つめたまま、左手で左目をおおって右手で本書をもちあげ、本書を右目に近づけたり遠ざけたりすると、およそ二〇センチメートルの位置においたときに、右目の外側の視野でとらえた白円が見えなくなり、ほぼ完全な横線七本として見える。盲点とは、眼底の網膜上で視神経の束が脳に向けて配線されている部分を指し、そこには光を感知する細胞がない。だから、視野のその部分には、大きな穴があいているのだ。しかし、脳はその欠落部分を周囲の情報で積極的に埋めあわせている。見えていないのに無意識のレベルで完成したイメージが作られており、意識はその結果を見せられていると言えよう。

感情についても同様に、無意識に作られているという現象が見られる。吊り橋実験として知られる研究では、吊り橋を渡る際の生理的な喚起（心拍数の増加など）が恋愛感情に誤って帰属されてしまう可能性を明らかにしている。この実験では、単独で橋を渡ってくる男性にインタヴューをするのだが、橋が通常の低い橋より吊り橋のほうが、そしてインタヴューワーが男性のときより女性のときのほうが、インタヴューされた人が性的なイメージをいだき、かつ後からインタヴューワーに電話をかけてくる頻度が有意に高いことを示している。これは通常では恐怖感情を抱くべき生理的喚起（心拍数の増加など）が、状況に応じて恋愛感情と解釈されてしまうことを示している。さらに、生理的喚起は実際に起きているものでなく、起きていると思わせるだけでよいことも示された。男性に女性のヌード写真を見せながら心拍数の変化を聞かせると、たとえその心拍数が実験者によって操作された

(1)　呼吸について可観測・可制御であるのは、進化的意味があるにちがいない。呼吸は、声を出す、言葉を発するという機能の実現に直結している。われわれの言語が意識レベルにある（意識的に言語をしゃべる）ことから、必然的に呼吸は意識の管轄範囲に入っているのだろう。

(2)　盲視現象は、視覚の一次野以降に脳障害が起きて、視覚の情報処理ができなくなったが、視覚情報の入り口である視床から上丘（中脳）への配線により何らかの情報処理がなされているらしい。たとえば、池谷裕二『進化しすぎた脳』（朝日出版社、二〇〇四年）の一五五ページを参照されたい。その情報処理の結果は視覚に投影されているのではなく、無意識のうちに身体運動に表現されており、その身体変化の意味を意識が感知しているのかもしれない。

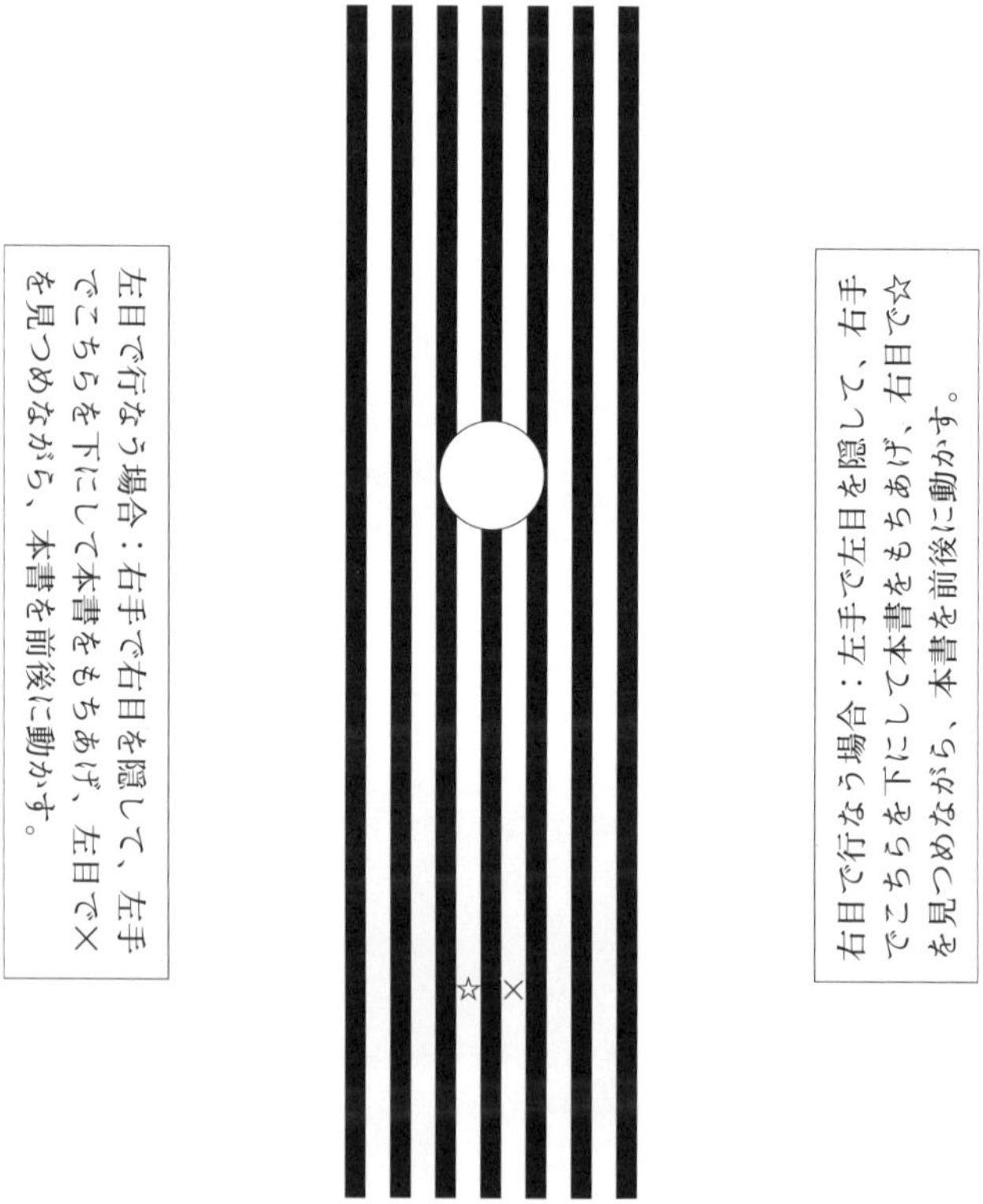
左目で行なう場合：右手で右目を隠して、左手でこちらを下にして本書をもちあげ、左目で×を見つめながら、本書を前後に動かす。
☆
×
右目で行なう場合：左手で左目を隠して、右手でこちらを下にして本書をもちあげ、右目で☆を見つめながら、本書を前後に動かす。

図 10─1　盲点を見る

ものであっても、心拍数が高まったと思った写真の女性にとくに魅力を感じると報告している。こうした状況で感情の誤帰属をおこしている人は、その誤帰属自体を意識していない。すなわち、生理的反応を感知・判断し、感情を形成する過程は無意識で行われ、その結果が部分的に意識されていると解釈できる。(3)

意識と無意識の情報的分離

このように感覚や感情の無意識的過程をみると、われわれの無意識部分もかなり知的で高度な機能を実現しているのがわかる。心理学的な実験を行うと、われわれ自身の無意識の機能に気づかされるが、日常の生活ではそれほどでもない。じつは意識が無意識の働きに気づかないことによる問題が発生しているのである。(4)

記憶についての無意識の働きを示す現象にプライミングがある。(5) 事前に与えられたメッセージの記

(3) 吊り橋実験は一九七四年にダットンとアロンによってなされ、ヌード写真実験は一九六六年にバリンズによってなされた。たとえば、山岸俊男編『社会心理学キーワード』(有斐閣双書、二〇〇一年)の五〇～五一ページを見よ。

(4) 無意識が独自の欲求や願望をもち、しばしばそれが意識から抑圧されているというのは、フロイト精神分析(一九一六年)の重要な発見である。

(5) プライミングを体験するには、昔流行した「十回ゲーム」をやるとよい。「シャンデリアって十回言ってごらん」と要求して、十回言ってもらったらすぐに「毒リンゴを食べたのは誰?」と問いかける。「シンデレラ」と言ったらまちがいで本当は白雪姫である。白雪姫であると知っていても、活性化されたシンデレラという言葉を思わず言ってしまう。

憶が残り、続くメッセージ選択課題においてその与えられたメッセージの関連する情報を、知らず知らずのうちに選好する（好ましいとして選ぶ）のである。さらに、意識されないメッセージが行動に与える影響は「サブリミナル（閾下知覚）効果」として研究されている。[6]

映画やテレビ放送では、一秒間に数十コマの少しずつ異なる静止画を、連続的に投影することで動く映像を提供する。それらの一連のコマの途中に、一コマのみ他とまったく変わった画像のコマを挿入すると、挿入されたコマの画像の内容は、よく注意して見ていないと意識的にはわからない。しかし、心のなかに潜在的な印象は残るのである。こうしたコマのことをサブリミナルカットという。一九五七年にアメリカの映画館で、上映中の動画の中にコーラとポップコーンを示すサブリミナルカットを挿入したところ、休憩時間中のコーラとポップコーンの売上が飛躍的に上がったと伝えられている。観客は誰もコーラとポップコーンの広告が提示されたことを自覚していないのにである。この実験の真偽は別にして、自由意志を重んじる国アメリカに衝撃を与えた。サブリミナルカットを用いる広告は、その後アメリカでは禁止され、日本でも業界団体で自粛の方針が決まった。

サブリミナルカットには、商品を買う気持ちのない消費者に商品を買わせるような強制力はないが、広告として一定の効果は認められるようである。その仕組みは、およそ次のように説明できる。鍵となるところは、意識と無意識の間の情報的な分離である。マスメディアから供給されるサブリミナル情報は、われわれの無意識のレベルでとらえられ、意識レベルへは伝達されない。これが、サブリミナルカットを見た時点でおきることである。その後に、商店でサブリミナルカットによって宣伝されていた商品に出会ったとしよう。そのとき無意識は、その商品に関する何らかの情報を意識にもたらすのである。その情報は「知っている」といった既知感や、「好ましい」といった親近感のもとになる「印象」である。ところが、「その商品をサブリミナルカットで見た」という情報源の情報は、そこには含まれていない。すると意識は、「この商品は私にふさわしい」と、魅力ある商品にしてしまうのである。もし、商品を見た時点で、「この商品は広告で見たあれだ」と意識していたらどうだろう。その魅力ははるかに低くなるにちがいない。サブリミナル広告は、「商品の情報が外部からやってきたものでなく、自己の内部からこみ上げてきたのだ」と私たちに錯覚させることで成立するのである。

映像のサブリミナル広告は、サブリミナルカットの形で実現されるが、雑誌やポスターなどの印刷物のサブリミナル広告は、タブーに関するモチーフを使用する。死や性交を連想させる画像を広告に潜ませておくのである。パターンが象徴するモチーフは、社会的な禁忌に強く触れるものほどよい。また、たんにSEXや、KILL、DEADなどの文字を広告に埋めこんでおくのも有効とされる。タブーに関するモチーフがサブリミナル広告として働く仕組みも、サブリミナルカットと同様に考えることができる。やはり、意識と無意識の情報的分離が起きることで、広告の効果が成立するのだ。われわ

(6)　サブリミナル効果研究の総説には、坂元章・坂元桂・森津太子・高比良美詠子編『サブリミナル効果の科学――無意識の世界では何が起こっているか』(学文社、一九九九年)がある。気軽に読める概論書には、下條信輔『サブリミナル・マインド――潜在的人間観のゆくえ』(中公新書、一九九六年)がある。

れには、「見てはいけない」という心理的な抑圧の機構が働くのである。その後の記憶を維持する過程で、広告情報は失われてしまう。つまり、意識レベルでは、「広告は見なかった」ことにされてしまうのである。ところが、無意識には商品情報の印象は残っている。「広告された商品である」という記憶は失われているのにもかかわらずである。こうして、商店で広告された当の商品に出会ったときには、その商品に対する既知感や親近感が生まれてくるわけである。

サブリミナル広告は、ブライアン・キイによってセンセーショナルに書き立てられて、かつて話題となった[7]が、実際にはほとんど行われてない。購買行動には有意な影響を与えないという実験結果もある。しかし、サブリミナル広告は、外的な情報提供の形式が、われわれの自由や責任に重大な脅威を及ぼしうることの、典型的事例を示していると言えるだろう。

合理化するサル

第二の意識の性質は「統一性」である。知らない部分が多いにもかかわらず、意識には、全体としてまとまりのある体裁をとろうとする機能がある。それはときには、合理的な物語を紡ぎ出す作家のようである。われわれの行動には「理由」があるが、それは、人から問われたときには、必ず妥当な理由が「生成」されることのあかしでもある。この過程は心理学的な防衛機構のひとつであり、「合理化」として知られている。

顕著な合理化の現象が報告されたのは、分離脳患者になされた一連の実験においてである。てんかんの重篤な発作を抑制するために、大脳の右半球と左半球を連結する唯一の神経線維群である脳梁を切断した分離脳患者において、右半球と左半球に異なる作業を遂行させるのである。ある実験で、左半球に鳥の足を、右半球に雪の風景を見せ、多くの絵カードから関連のあるものを選ばせたところ、左半球は右手で鳥の頭を、右半球は左手でスコップを指し示した。ここまでは予想通りの反応だが、言語の受け答えができる左半球に対して、なぜスコップを指し示したかを問うと、右半球の見た雪の風景を知らずに、鳥小屋を掃除するのにスコップが必要だから、と答えたのである。(8) 自らの行為とされるものについては、必ずその理由を言えねばならないという、切実な意識が働くさまが見てとれる。この一連の実験を通して実験者のガザニガらは、左右の脳半球にそれぞれ独自の意識が存在していると推定している。その根拠のひとつには、両半球とも自分の名前を正しく答えられるのに、左半球は製図家に、右半球は自動車レーサーになりたいと別な答えをしたことが挙げられる。それでも各半球の意識は、他の半球をうとんじることなく、それぞれに自己完結した機能を維持しているようである。

(7) キイ『メディア・セックス』(植島啓司訳、リブロポート、原著一九七九年・邦訳一九八九年)を見よ。
(8) ガザニガ&レドゥー『二つの脳と一つの心——左右の半球と認知』(柏原恵龍ほか訳、ミネルヴァ書房、原著一九七八年・邦訳一九八〇年)に詳述されている。分離脳患者の右半球と左半球に異なるメッセージを与えるには、視覚の注視点の両側に短時間異なる絵を提示するとよい。視神経の配線から、右視野の情報は左半球に、左視野の情報は右半球に至るからである。右半球と左半球の判断を知るには、指さしなどの左手と右手の動作を見るとよい。右半球は左手を、左半球は右手をコントロールするように神経が配線されているからである。左右半球の独自意識の存在は、邦訳一二二～一二六ページにて議論されている。

また合理化のなかには、調和的で一貫した物語を作るために、記憶を改竄する例も知られている。レオン・フェスティンガーは、単調でつらい仕事に対して不本意に安い報酬を与えた場合、一か月ほど時間がたつと仕事に対する評価が「おもしろかった」などと肯定的に変化する傾向があることを見出した(9)。逆に、楽しい仕事に対して期待以上の高い報酬を与えた場合には、仕事の評価が否定的になる傾向がある。仕事の評価と報酬の高さが不釣合いであると、認知的な不協和が起き、それを修正するための記憶の変更がなされる。報酬の高さという外的な事象にまつわる記憶は変更しにくいのに対して、仕事の評価という内的な事象にまつわる記憶は変更しやすいので、後者の記憶が調和的な方向に修正されてしまうのである。認知的不協和を予期して、それを避ける行動を選択する傾向も知られている。われわれが、買ったばかりの商品広告を好んで見て、他のライバル商品の広告を見ない傾向もそのひとつである。

記憶は世界観の現れ

記憶の改竄をみると、われわれにとっては体験した事実よりも、信じる内容のほうが重要であるように思える。ロフタスの実験では、交通事故の映画を被験者に見せて、あとから事故の内容の質問に答えてもらった。被験者をふたつのグループに分けて、Aグループの被験者には、「車が激突したとき、どのくらいのスピードで走っていましたか」と質問し、Bグループには、「車がぶつかったとき、どのくらいのスピードで走っていましたか」と質問する。すると、Aグループの被験者は、Bグループよりも、スピードを速く推定した。また、「車のガラスが割れて飛び散っていましたか」と質問すると、Aグループの被験者の多くは、実際にはそうでなかったのにもかかわらず、「はい」と回答する割合が飛躍的に高まった。この修飾の原因は、質問のなかの「激突した」という表現にあった。激突したのだから、スピードも出ているし、ガラスも割れているのが当然であろうと、記憶が修飾されるのである。こうした実験は、記憶の修飾によって、目撃証言があいまいになってしまう可能性を暗示する。(10)

次のようなもっと直接的な実験も行われている。講義中にサクラの事件を起こして学生に目撃させるのである。ふたりの学生が口論を始めたところ、一方の学生がピストルをちらつかせる。仲裁にはいった教授と三人でもみあいになったところ、見ている女子学生の一人が悲鳴をあげ、ピストルが暴発して教授が倒れる、といった具合である。一連の演技が終わると、教授はおもむろに立ち上がり、学生に今見聞きしたことを書かせるのである。学生の報告内容はまちまちであるし、実際には起こらなかったこともたくさん報告された。本人は確信をもっているものでさえも、多くの点で事実とくい違っていたのである。なかには、ピストルをちらつかせた学生を、たまたま居あわせたほかの学生と

(9)　フェスティンガー『認知的不協和の理論——社会心理学序説』(末永俊郎監訳、誠信書房、原著一九五七年・邦訳一九六五年)を見よ。

(10)　この古典的記憶実験は、ロフタス夫妻による『人間の記憶——認知心理学入門』(大村彰道訳、東京大学出版会、原著一九七六年・邦訳一九八〇年)に詳しい。最近の研究成果はロフタス&ケッチャム『目撃証言』(厳島行雄訳、岩波書店、原著一九九一年・邦訳二〇〇〇年)を見よ。

とり違えているほどである。事件を目撃するという日常的でない事態に巻きこまれると、興奮した心理状態になり、記憶が維持しにくくなる。あとから記憶をふり返るときに、推測によってありそうな内容に脚色されるのである。

子どもに体験していない記憶を埋めこむという、倫理的問題も感じられる実験もなされている。迷子になったことがないと両親に確認した八歳くらいの子どもに面談し、「むかし迷子になったこと覚えている?」などと聞く。当人は、そうした体験がないので、最初はもちろん「覚えてない」と答えている。次の週、また面談を行い再度聞くと、「そんなことがあったような気もする」と記憶を「思いだす」のである。何週間か続けると、こんどは迷子になった状況を「迷子になって警察に保護されている間、悲しくて泣いていたら、お巡りさんがキャンデーをくれた」などと、きわめて具体的に話しだすという。

社会的に問題になった事例もある。幼少のころに体験した不幸なできごとが、意識下に抑圧されてトラウマ（精神的外傷）となることがある。トラウマはおうおうにして、成人してからの精神的疾患をひきおこす。その疾患の治療には、意識のうえでは忘れ去られているトラウマを記憶の底から見つけだし、自覚させることによって解消が可能であるとされる。ところが、治療過程で実際には存在しない記憶が作られてしまうことがあるのだ。アメリカでカウンセリングを受けた女性が、小学生のころ父親に性的暴行を受けて妊娠した体験を思いだした。しかしその後、彼女は医学検査を受けて一度も妊娠したことがないと判明し、カウンセラーを告発した。この種の訴訟事例がアメリカでは多数発生している。[11]

このように、物証を伴わない証言だけの立件は冤罪の危険を多分に伴っている。いかに確信がある場合であっても、自分の記憶であってさえも、多少なりとも疑う余地を残しておくべきだろう。記憶の変更過程は、われわれの信念に合致したかたちへと、数か月や数年かけて無意識的に進行している。結果的にそれは、意識的な行動レベルでの統一性、すなわち整合的な世界観を支えていると言える。

私という物語

第三の意識の性質は「主体性」である。意識によってなされる行動は、唯一の「私の」ものとして自覚される。私たちは誰しも、日常の意識的な行動をとっているときは、自由な意志を主体的に発揮して行動を選択しているように自覚している。前節までに述べた統一性と合わせて考えれば、意識は、あたかも「私」が主人公となっている仮想の物語を作りだすかのようである。[12]

明らかに自由意志が行使されていないにもかかわらず、主体性が感じられる実験例がいくつも知ら

(11)　これらの記憶にかんする業績もエリザベス・ロフタスによる。『心のミステリー』(日経サイエンス社、一九九八年)の彼女の論文「偽りの記憶をつくる」(一九九七年)や、ロフタス&ケッチャム『抑圧された体験――偽りの性的虐待の記憶をめぐって』(仲真紀子訳、誠信書房、原著一九九四年・邦訳二〇〇〇年)を見よ。

(12)　デネットは、意識とは断片的物語を紡いでいく過程にほかならないと、前掲『解明される意識』のなかで「多元的草稿(マルチプルドラフト)理論」を主張している。自己意識にかんする物語的接近法については、梶田叡一編『自己意識研究の現在』(ナカニシヤ出版、二〇〇二年)を見よ。

れている。二人ばおりの実験では、背中に隠れた別人の手が、自分の手のように感じる現象が報告されている。みかけの頭部を担当する人と、みかけの手を担当する人に対し、それぞれヘッドホンを介して手を叩いたり挙げたりの同一の指示を外部から出すと、頭部を担当する人も、目の前の他人の手が自分の意志で動いているように感じる。また、このとき動く手は「私の所有」であるかのようにも感じるという。もちろん、ヘッドホンを外すと感じられなくなるのは言うまでもない。[13]

ある種の条件のもとに主体性が「作られて」いるとすれば、われわれのよりどころとする自由意志の存在も危ういものとなる。ベンジャミン・リベットは、神経末端と脳細胞への刺激に対する認知応答の実験で、〇・五秒未満の時間体験は、脳によって再構成されていることを示した。頭部への刺激と足先への刺激は同時に行っても、足先の刺激が脳へ至るのに〇・二秒程度の遅れが発生する。脳はあらゆる刺激をとりまとめて、遅れた刺激も「遅れなかった」と扱い、「〇・五秒前の同時刺激」として時間をさかのぼって意識に体験させている。

また、コルンフーバーは、自由な意志でもって指を曲げようとした時点よりも〇・四秒以上前から、脳に準備電位が発生することを示した。これもリベットによって、準備電位は無意識の自動的過程であり、それがなければ意識は「自由意志」を発揮できないことが示された。こうした知見は、われわれが意識していることとは、すでに無意識のうちに処理が済んでいることを、あたかも映画を見るかのように眺めた結果にすぎない、という可能性を示唆している。[14] システム工学の言葉で言えば、意識する対象はどれも可観測であっても、可制御ではないことになる。心の働きは物理現象から派生するのみであり、物理的な因果連鎖にかかわることができないとする立場は、哲学的にエピフェノメナリズム（随伴現象主義）と呼ばれるが、本当にそうなのだろうか。

考えてみれば、ふだんのわれわれの生活も、多くは無意識に推移している。自動車の運転に慣れれば、その運転過程はほとんど無意識であるし、楽器の演奏もスポーツの試合も「ノっている」ときほど無意識である。時間が勝負のときは、意識すると身体動作がかえってうまくいかないほどである。これは意識に〇・五秒かかるというリベットの指摘からもうなずける。前に述べた歴史に残る大発見も、そのほとんどは、無意識のうちになされたあとで、意識的に自覚されているようだ。われわれの多くの部分は無意識によって支えられているにもかかわらず、その事実は一般にはあまり認識されていない。意識の部分性のところで述べたように、われわれの基本的な生存のためには、むしろ無意識が重要なのである。

(13)　リタ・カーター『脳と意識の地形図』（藤井留美訳、原書房、原著二〇〇二年・邦訳二〇〇三年）の邦訳二四八ページによる。こうした実験はラマチャンドランが多数行って成果を上げている。幻肢などの事例を中心に身体感覚や所有感覚が変容する現象をとらえ、健常者であってもそうした感覚変容が安定して起きる手法を多数開発している。前掲『脳のなかの幽霊』を参照されたい。

(14)　リベットらの一連の実験と議論には、苧阪直行編『脳と意識』（朝倉書店、一九九九年）が参考となる。ダニエル・デネットは、リベットらの実験を批判したうえで、唯物論から出発しても自由意志がありうるという趣旨の議論を展開している。デネット『自由は進化する』（山形浩生訳、NTT出版、原著二〇〇三年・邦訳二〇〇五年）を見よ。また前野隆司も『脳はなぜ「心」を作ったのか――「私」の謎を解く受動意識仮説』（筑摩書房、二〇〇四年）のなかで、意識を低く評価している。

しかし、だからといって意識を過小評価してもいけない。意識的な会話は協力活動に必要であり、自覚する意識も一定の適応的意義があるからこそ進化の途上に出現したのだろう。自由な意志の行使が多分に幻想的であるからといって、意識のうえでの選択がどれも意味のないことにはならない。先のリベットも指摘しているが、意識は行動を最終的に選択するところ、あるいは目的の設定という局面で一定の役割を担っているのかもしれない(15)。

主体性の情報操作

以上の意識の性質をまとめると、意識は、身体などの所有物に対して本来部分的な介入しかできないにもかかわらず、それら全般を統一的にコントロールする主体を感知する、と言えよう。最後に、この性質を利用した外部からの心理的操作の可能性を指摘しておきたい。

最近の宣伝キャンペーンは、けっして行動を直接的に指示するものではない。現代の社会に生きるわれわれは、命令のような直接的な指示に従うことはあまりない。むしろ、自立した個人は直接的な指示には安易に従うべきではないという、文化的な要請さえある。そのため、現代社会における情報提供は、必然的に気づかせる仕掛けに満ちている。巧妙な情報操作は、意思決定にかかわる偏った情報を提供し、最終的な決定は情報の受け手に任せるのである。商品イメージだけをくり返し強調して商品の良さを解説しないテレビコマーシャルや、立候補者の名前だけを連呼する選挙運動は、その代表である。情報の受け手は、商品の印象や候補者名を手がかりに行動を決めているにもかかわらず、あたかも自分自身の自由な判断で商品の購買や投票行動を決定したと、しばしば誤解するのである。近ごろ高級専門店では、来店客にすぐに店員がぴったりついて商品セールスをすることは、少なくなったようである。商品のレイアウトなどを工夫して、最新流行が自然と客に理解される方法をとっている。こうした情報操作は、洗脳とも呼べる強力な結果をもたらす。もし、勧誘に従って行動している個人が、「自分は勧誘に従っているのだ」と自覚しているとしたらどうだろう。そうした個人は、「もう勧誘に従うのをやめた」と、自分の行動を容易に変更できる。一方、自分の意志に従って行動している（と思っている）個人はどうだろう。自分の責任でいったん意思決定をしてしまうと、こんどは、なかなか変更ができないものである。行動基準の変更は、ときには自分自身の否定にもつながる恐怖が伴うのだ。

現代社会に生きる私たちは、「自立的に行動する主体であれ」とか、「自らの行動は自らの責任で決定するのだ」という、暗黙の掟をつきつけられている。その構造が逆説的に、洗脳を許してしまうと

(15)　リベット『マインド・タイム――脳と意識の時間』（下條信輔訳、岩波書店、原著二〇〇四年・邦訳二〇〇五年）を見よ。二〇〇四年に京都賞を受賞したユルゲン・ハーバマスの受賞講演は、まさにリベットの実験や議論を受けて、決定論から自由意志をまもる趣旨のものであった。また、量子効果によって細かな時間的前後関係を無意味にしてしまう理論的対処も考えられ、さきのペンローズは『心は量子で語れるか』（中村和幸訳、講談社、原著一九九七年・邦訳一九九八年）において、その主張を展開する。われわれの会話は意識的なのにもかかわらず、それほど間があいていないではないか、と彼は指摘する。

いう状況を作っているのだ。(16)

まとめ

意識は心の働きを部分的にしか知らない（部分性）。心の働きの多くの部分は無意識的に行われ、なかにはかなり知的な活動も無意識レベルでなされている。意識と無意識の間のこうした情報的分離は、外来の情報を内的由来と思うなどの誤解を意識に与える。意識はそれでも、整合的で一貫した役割（統一性）を演じ、不合理な状況もむりやり合理的に解釈してしまう。われわれは「合理化するサル」なのである。記憶もその合理的な世界観に合致するように日々更新されているようであり、目撃証言などの体験の事実性にも疑問が呈されている。意識は、われわれが主体的に行動している人格的個人であるという物語を、積極的に受け入れている。そうすることが進化的に有利であるからにちがいない。自由な意思決定の主体という自覚（主体性）さえも、ときには作りこまれている。おうおうにしてそれが情報操作のスキを与えてしまうのだ。

(16)　こうした現代の洗脳問題には、ウィルソン・ブライアン・キイ『メディア・レイプ』（鈴木晶・入江良平訳、リブロポート、原著一九八九年・邦訳一九九一年）を参照されたい。

第一一章　意識の進化的意義
――自分を知ってから他者を知るのか

他者の心を読む

前章の議論によって意識の諸性質が整理できたところで、グレゴリー型生物における意識の役割に話を戻そう。グレゴリー型生物を特徴づけるのは、異質な個体同士のコミュニケーションであった。このようなヘテロな集団のなかでうまくふるまうには、協力者の探知が必要であり、その探知には「他者を知る」ことと、「自分を知らせる」ことが重要となる。本章では、他者と自己の形成という段階に、意識の成立の手がかりを探し、コミュニケーションにおける意識の意義を検討する。(1)

われわれは皆、他者の理解を試みる。他者の立場に自分の身をおいて共感的理解に努めたり、行動の一般的パターンから他者の行動の根拠を推測して合理的理解に努めたりする。こうした試みの基盤

(1)　意識の成立において他者性を重視する議論は少なくない。たとえば、下條信輔の『「意識」とは何だろうか？――脳の来歴、知覚の錯誤』（講談社現代新書、一九九九年）で、その考えが展開されている。

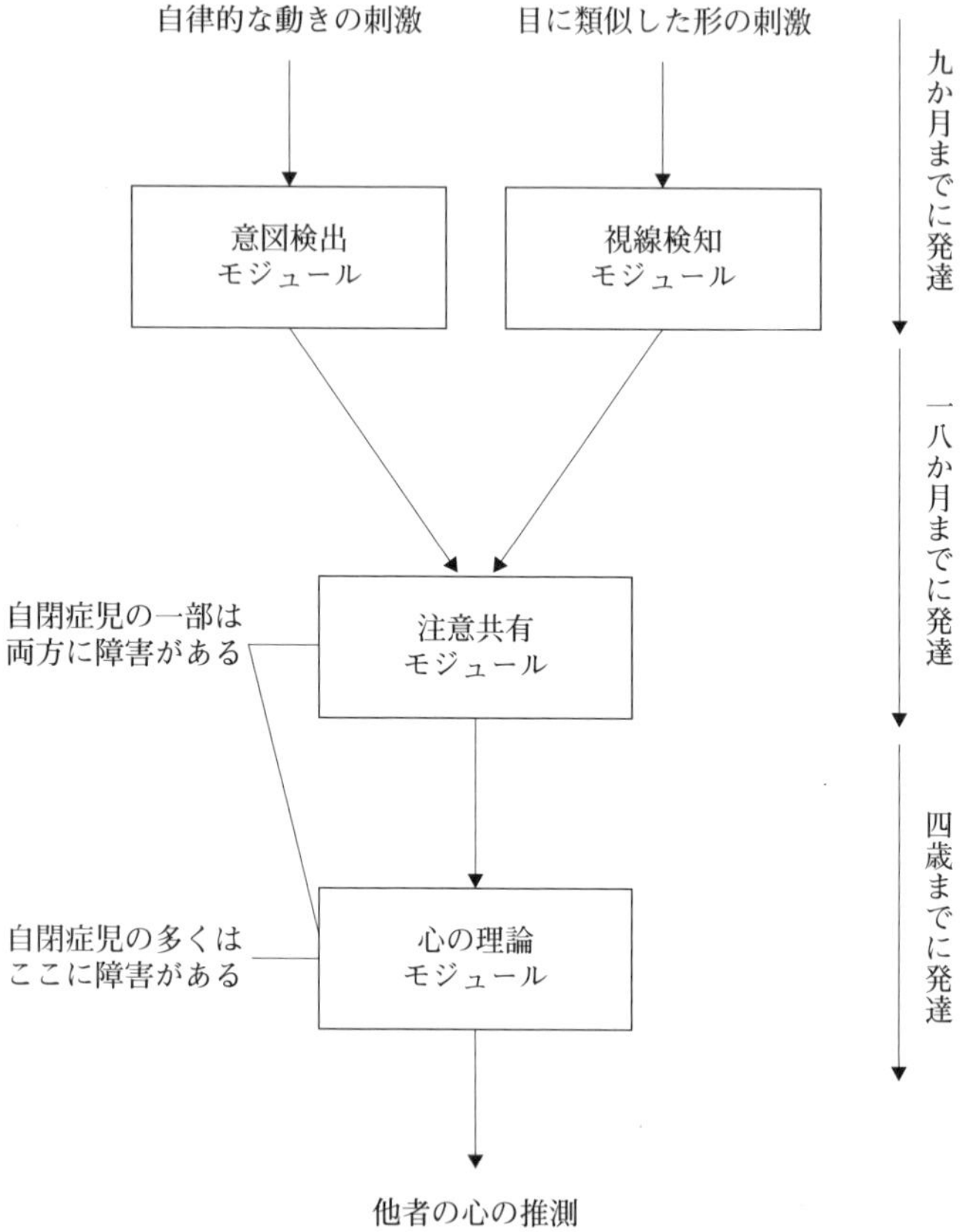

図11—1　心を読む認知モジュールの構成（バロン＝コーエンによる）

には、他者の内部に内的な世界を帰属させる心的機能が必要である。この「他者の認識」は、霊長類から急速に発展してきた。数々の霊長類研究が他者認識の萌芽を報告している。ニコラス・ハンフリーは、サルも人間も他者の心を読む「天性の心理学者」である、と表現した。ほかにも、サルと人間の差異は思いのほか小さいという議論は数多い。(2) しかし、現実と異なる信念を他者がいだいていると積極的に想定する能力は、人間固有であるとも主張されている。

サイモン・バロン＝コーエンは、他者の心を認識するための認知モジュール構造とその発達を、実験をとおして明示した。(3) 九か月までの乳児ですでに、「意図検出」モジュールと「視線検知」モジュールが完備し、一八か月までには「注意共有」モジュールが、四歳までには「心の理論」モジュールが発達することで、人間の他者認識の基本機構が整備されると主張した（図11－1）。人間以外の高等な霊長類は、最初の三つのモジュールを保有しているものの、「心の理論」モジュールは有していないと見られる。

(2)　ハンフリー『内なる目――意識の進化論』（垂水雄二訳、紀伊国屋書店、原著一九八六年・邦訳一九九三年）、ドゥ・ヴァール『政治をするサル――チンパンジーの権力と性』（西田利貞訳、平凡社、原著一九八二年・邦訳一九九四年）、リチャード・バーン『考えるサル――知能の進化論』（小山高正・伊藤紀子訳、大月書店、原著一九九五年・邦訳一九九八年）などを見よ。なお、サルと人間の認知機構を比較検討する研究を比較認知科学という。渡辺茂編『心の比較認知科学』（ミネルヴァ書房、二〇〇〇年）などを参照されたい。

(3)　バロン＝コーエン『自閉症とマインドブラインドネス』（長野敬・今野義孝・長畑正道訳、青土社、原著一九九五年・邦訳一九九七年）を見よ。図11－1は、バロン＝コーエンの議論をもとに筆者が図式化したものである。

「意図検出」モジュールは、意図を帰属させる能力を発揮する。幼児に対して、丸や四角が枠から外へ移動する抽象的な映像を見せると、「丸さんが外へ出たいといって部屋から出ると、四角さんがおいて行かないでと後を追う」などと、運動する物体に人間と同様な、願望・欲求・意図を積極的に帰属させる。われわれは本来、万物に願望や意図を見いだそうとする傾向があるのだ。この傾向が、万物に心を見るアニミズムの発生源であると考えられる。

「視線検知」モジュールは、他者が見つめる方向を検出する能力を実現する。われわれは、人間の顔、とくに目に敏感である。乳児に対して、顔枠に目だけが書きこまれた絵と、口だけが書きこまれた絵の注視時間を比較する実験から、目に敏感であることが推測される。また漫画の主人公が視線の方向にあるお菓子を狙っているなどの、視線探知を他者の願望や意図に結びつける認知が見られる。日常のコミュニケーションでは、何について話しているかが、まなざしと指さしで指示される場合が多いが、人間は顔の前面に目が並んでいて相手の視線方向の探知がしやすく、コミュニケーション上有利である。一方、こうした認知特性が、壁のシミが幽霊に見えてしまうという副作用をおこしてもいる。目から光線が出る想像上の怪物もいるが、われわれのコミュニケーションのうえで視線がことのほか重要であることを示しているのだろう。ほかに「視線が痛い」というような表現も耳にする。目は本来、感覚情報の入力器官であったのだが、願望や意図の表示器官となったのはおもしろい。(4)

「注意共有」モジュールは、「意図検出」と「視線検知」モジュールの出力を利用して他者の意図を知るもので、「対象に注目する他者」を「自分」が注目するという三項関係（注目対象を他者と自分とで共有する関係）を形成する能力を生みだす。自閉症児の特徴的行動に、誰もいないのに高いところの欲しいお菓子を指さすことが知られているが、こうした自閉症児は「注意共有」モジュールに障害があるという。この指さしは、高いところのお菓子をとってもらったという過去の経験に誘発されている。ところが当の自閉症児の場合、「自分の欲求するあのお菓子」が他者によって注意共有されたという経験をもたないため、他者がいなくても同様な行動をとるのである。一方、生まれながらに目が見えない子どもは当然「視線検知」ができないのであるが、「お母さんにおもちゃを見せて」と依頼すると、お母さんから見える位置を想定して、そこにかかげて示すことができる。

「心の理論」モジュールは、「注意共有」モジュールの出力を利用して、他者に、現実とも自分の信念とも異なる信念を帰属させる、つまり「その者に独特の」内的世界があると想定する能力を実現する。「心の理論」とは少々わかりにくい表現なので、「他者の信念理解」モジュールなどと呼んだほうがよかったかもしれない。このモジュールの機能は、「誤信念課題」に適切に答えられるかどうかで判定する。典型的な誤信念課題には、デネットによって提案された、次のような「サリー・アン課

(4)　ハトのように頭部の両面に目がついている生物は、おのおの目が独立に動くので、今何を見つめているか判然としない。そういう生物は複雑なコミュニケーションを発達させられないだろう。目でなく耳で行う選択肢もありそうだ。われわれの耳は動かないが、ネコの耳は回転できて興味深い。ネコに声をかけると顔はこちらを向かないが、耳がこちら向きになることがある。こちらの声を聞いたよ、という合図なのだという。注意共有の関連研究には、ムーア&ダンハム編『ジョイント・アテンション――心の起源とその発達を探る』（大神英裕訳、ナカニシヤ出版、原著一九九五年・邦訳一九九八年）を参照されたい。

題」がある。「サリーがお菓子をテーブルの上のバスケットに入れて出て行ったあとで、アンが入ってきてお菓子を見つけ、ソファーのクッションの下に隠す。しばらくすると、サリーが帰ってくる」といったビデオ画像を見せられた子どもに、「さて、サリーはお菓子をとりにどこへ行くでしょうか」と、サリーがお菓子がどこにあると思っているかを聞く。ここで「テーブルの上のバスケット」と言えば、「心の理論」モジュールは正常に機能している。

「心の理論」モジュールがまだ発達段階である四歳以下の幼児の場合は、「ソファーのクッションの下」であると答える傾向がある。チンパンジーも「サリーはソファーのところへ行く」と確信している行動をとることが知られている。幼児やチンパンジーは、自分の内的信念と他者の内的信念の相違を想定するのが難しいとみられる。(5) バロン＝コーエンは、自閉症とダウン症の患者について調べ、自閉症患者の八割が「心の理論」モジュールを（多くの場合さらに「注意共有」モジュールをも）欠いていること、ダウン症患者は、たとえ重度な精神遅滞（あるいは言語の障害）が見られても、「心の理論」モジュールに問題をもっていないことを示した。

心的機能の男女差傾向

バロン＝コーエンによると、自閉症の患者は一般に他者認識を担う心的機構に障害があり、他者との社会的な関係を築けないようである。自閉症の一種に「アスペルガー症候群」が知られており、自閉症の症状があるものの数学や芸術に高い知能を示す人々がいる。他の心的機構に問題がない「純粋な自閉症」とも考えられている。社会的な知能の実現に労力を使わない分、他の知能が秀でることになったのだろうか。自閉症は一般に、決まりごとに執着し、収集癖があり、他者と交流しようとする動機が低いという、いわゆる「オタク的」傾向がある。それに男性患者が女性患者の九倍もいることからみて、自閉症は脳の男性的機能が極端になったものとも考えられる。

男性的な心的機能は、集中指向であり、こみ入った推論や空間把握にたけており、女性的な心的機能は、分散指向であり、言語理解や社会的判断にたけているとされる。一万年前までの狩猟採集を行っていた時代、女性と男性は生殖のための生物学的な分担をしていたうえに、社会的にも男性は遠くまで危険な狩猟に出かけていき、女性は近辺の食料採集をして育児をしながらコミュニティを維持するという、役割分担をしていた。進化の原理から、そのような役割分担にふさわしい心的機能の「平均的な」相違が発生しているのも理解できる。

バロン＝コーエンはさらに、この男女差の傾向性を検討した。空間把握といっても物体配置の記憶は女性のほうが平均的にまさっており、社会的判断といっても人間心理がかかわらない因果的関係は平均して男性のほうがまさっていることから、彼は、システム化指数と共感指数という二軸を設定し、

(5)　心の理論をもつかどうかが、誤信念課題で的確に判断できるかは議論がある。幼児や自閉症患者やチンパンジーが誤信念課題を研究者が意図したように、かならずしも解釈していない可能性がある。たとえば、四歳未満の幼児にも工夫すれば「共感的な心の理論」があることが示せるという議論が、佐伯胖『幼児教育へのいざない――円熟した保育者になるために』（東京大学出版会、二〇〇一年）に示されている。

男性は前者が高く、女性は後者が高いという平均的傾向があると主張している。[6] システム化指数とは、物事の構成や関連性を細部にわたってきっちりと把握する能力の高さであり、共感指数とは、他者の気持を的確に判断して良好な人間関係を築く能力の高さである。アスペルガー症候群は前者が極端に高く、後者が極端に低い症状であり、法律学や経済学、科学技術に高い才能を示す一方で、日常の人間関係に大きな悩みを抱えていることが多い。ニュートンやアインシュタインもアスペルガー症候群であったともささやかれている。

社会的取引から自己概念成立へ

人間は、他者の信念や意図がわかる能力を身につけ、入り組んだコミュニケーションを円滑に進められるようになった、地球に生存する唯一の種であるようだ。異なったもの同士がお互いに理解できるとは一見、理想的な状況のように見えるがそうでもない。個体と集団との利益相反のジレンマがあるがゆえに、他者に自分の信念や意図がわかりすぎると、かえって個体にとっては不利になることも多いのだ。現実社会には、数々の悩ましい取引状況が知られているが、こうした取引の縮図を論理的に示したものを「交渉ゲーム」と呼び、さまざまな解析が進められている。[7]

代表的な最後通告交渉ゲームについて議論しよう。はじめて会った二人（AとB）に条件つきで千円を提供する。Aが千円の分配案をBに一度だけ提示し、それをBが受け入れるか否かを一度だけ回答（最後通告）する。Bが受け入れる場合は、その分配案に従って二人で千円を分け、拒否の場合は、千円は回収されて二人とも何ももらえないのである。分配案を提示するAは有利な立場にある。Bは拒否したら何ももらえないのだから、Bには百円程度もあげておけば十分だとなる。しかし、現実の実験結果では、Aが提案する分配案はAが二に対してBが一くらいの金額比である。八割以上Aがせしめる分配案はBによってことごとく拒否されたのである。ここでBが大きな金額を得るには、「曲がったことが大嫌い」というような平等主義を演じればよい。けっして「もらえないよりもらえるのがましだ」というような合理主義をさとられてはいけない。

交渉ゲームを有利に進めるひとつの技術は、意外なことに、感情を表明することである。Bが怒りっぽい人ならば、Aは警戒して平等の提案をするだろう。感情は見せかけるのが（俳優という職業があるくらいに）難しく、意識でも制御しにくいので、信用されやすいのだ。だから、コミュニケーションにおける感情の占める役割は大きい。(8) 怒ったり、悲しんだりするのは非合理的なものとされやす

(6)　詳しくは、バロン＝コーエン『共感する女脳、システム化する男脳』（三宅真砂子訳、NHK出版、原著二〇〇三年・邦訳二〇〇五年）を参照されたい。この本でも重ねて指摘されているが、男女差の平均的な傾向性が男女差別の正当化の材料になってはならない。むしろ、システム化能力ばかりを要求して共感能力を軽んじる社会のしくみになってはいないかなどと、反省の材料にすべきである。

(7)　交渉ゲームの数々についてはゲーム理論の教科書によく書かれている。生物学の観点から書かれたものとしては、メイナード＝スミスの前掲『進化とゲーム理論』がある。経済学的な実験の数々については、塚原康博『人間行動の経済学』（明治大学社会科学研究所叢書、二〇〇三年）を参照されたい。

(8)　山岸俊男の『社会的ジレンマ』（PHP新書、二〇〇〇年）の最終章では、感情の役割を強調している。

いが、実際のところ感情は、個人の利益よりも集団の利益の観点から、個人の行動に介入しているようである。ロバート・フランクは、古代の英雄オデッセウスがセイレーンの誘惑から逃れるために、自分の身体をマストに縛りつけたように、感情がその場かぎりの自己利益を超えて、行動を合理的に方向づけていると主張した。[9] 憤りの感情は、短期的にみれば戦いを誘発して損失を招くが、長期的には（あるいは社会全体としては）裏切り者を排斥して協力者同士の信頼関係を成立させやすくする。

交渉ゲームのような状況を首尾よく切り抜けるには、他者がどんな信念と意図をもっているのか、自分はその他者にどのように思われているのか、さらに自分がその他者について考えていることがその他者に伝わっているのか、などを知る必要がある。コミュニケーションにおける他者と自己の内的世界には、合わせ鏡を見るように、無限に入れ子状態の他者と自己とが折り返すのである。[10] ここで「他者の他者」としての自己という、社会的次元の自己（あるいは自己像）が生まれてくる。これは、それまでの「行動の主体」としての自己にくらべて統一性・一貫性の要請が格段に高い。一貫した特性が失われた個体（統合失調症はその例かもしれない）であると、集団内で役割を与えるのも難しいし、安心できる協力相手ともなりえないからである。

コミュニケーションにおける意識の役割

このように、自己と他者の結節点（ノード）において、インターフェースをとる役割をするのが意識である。[11] 社会的な要請に従って、他者から認識されやすい統一的な自己像を形成する（演じる）のだ。それは、必ずしも本来の自己を反映していなくともよい。むしろ隠されていたほうが交渉ゲームなどでは有利な面もある。そもそも意識は自己の多くの部分を知りえない、部分性をもつものだった。意識は本来の自己に気づいておらず、意識にとっては自分自身が他者でもあるのだ。

社会心理学者のダリル・ベムは、認知的不協和と同様な記憶の改竄が、自分自身の行動に対しても起きることを示し「自己知覚理論」を展開した[(12)]。たとえば、同一の電圧で電気ショックが与えられるバーをふたつ用意して、被験者に片方のバーを握ったときはショックを感じたらすぐ手を離してもらい、他方のバーを握ったときはショックを感じても我慢してもらった。そうした実験をひと通り行ったあとで、十分な時期をおいてバーの印象を聞くと、前者のバーに対してより不快な印象をもっていることがわかった。自分自身の経験内容も、自分の行動から推測して後から構成される可能性が指摘されたのである。

(9)　ロバート・フランクは『オデッセウスの鎖――適応プログラムとしての感情』(山岸俊男訳、サイエンス社、原著一九八八年・邦訳一九九五年)において、感情は「オデッセウスの鎖」としての役割を担って進化したと論じている。
(10)　同様な観点からの議論に金沢創『他者の心は存在するか――〈他者〉から〈私〉への進化論』(金子書房、一九九九年)がある。
(11)　インターネットでこのインターフェースの機能をになっているのが、プロキシ(代理人)サーバーである。外部のネットワークの通信言語と、内部のネットワークの通信言語の違いを仲立ちして、たがいに解釈できるコミュニケーションを成立させている。
(12)　ダリル・ベムは、自己知覚が他者知覚と類似した過程であると、一九六七年に「自己知覚理論」を提案した。たとえば、中村陽吉『「自己過程」の社会心理学』(東京大学出版会、一九九〇年)を参照されたい。

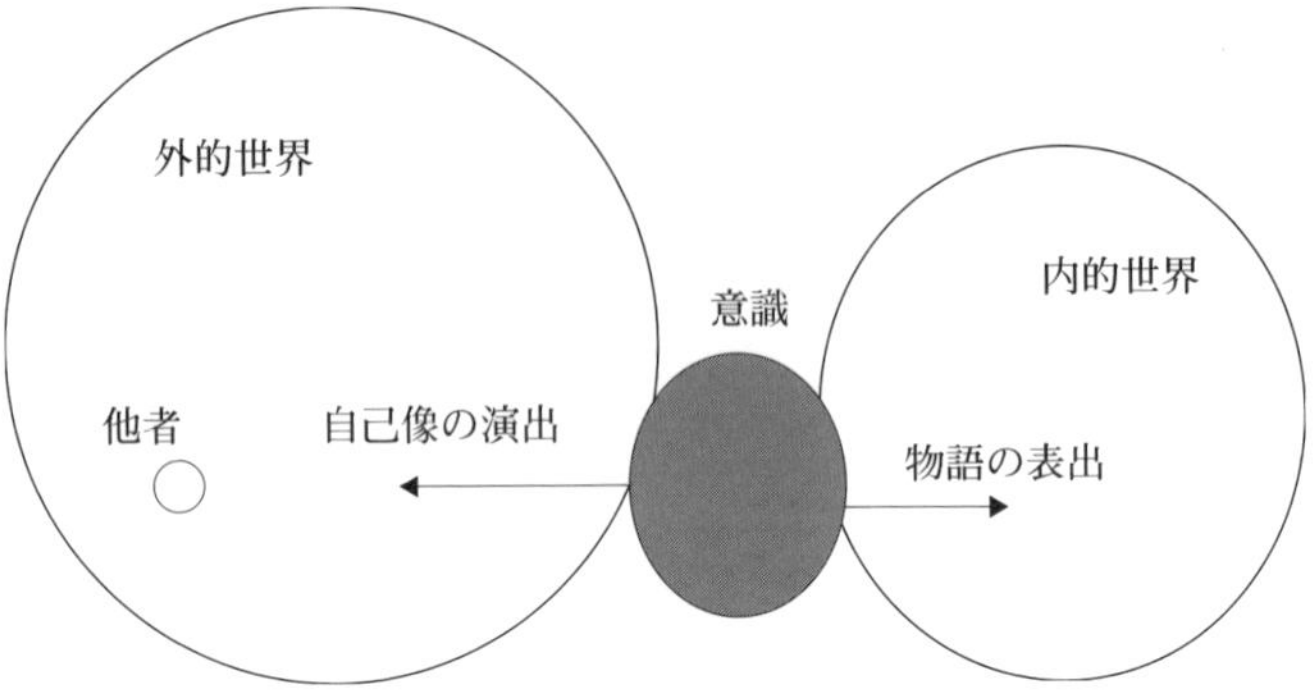

図 11―2　意識の役割

他者の行動から他者の心的内容を推測する論理が、自分の行動から自分の心的内容を推測するのにしばしば使われている事実は、自己認知がすでにあって他者認知が発生したというよりも、両者は同様の過程で少なくとも同時期に発生したことを示唆する。さらに、進化の過程で、自己知覚にさきんじて他者知覚が存在したのではないかとも推測できる。というのは、鏡に映った自分の像を、イヌはしばしば他者と認識して鏡の向こう側に回りこむのに対し、高等動物であるチンパンジーは鏡の像を自分であると認識できるようである。チンパンジーはイヌとちがって、自分の額についたペンキを鏡で見て、自分の顔をなでる事実が知られているからだ。

進化の過程では、限定した情報からむりやり一貫性をもつ物語を生成する意識が、社会的な協力活動に必要とされた。一方で行動主体としての自覚、唯一無二の自己感覚は、協力による利益のなかに自らの貢献を埋没させずに、自己利益を求める競争を呼びおこす効果がある。意識とは、こうした集団活動と個人行動に必要な諸要素をバランスよく達成するための、巧みな戦略として利用され、実際のところ、われわれのコミュニケーションが実現されているのである。

この点を情報論的に分析したのは、ノーレットランダーシュである。[13] 彼は、無意識レベルの情報の入出力が一秒あたり数兆ビット以上の規模であるのに、意識レベルの情報の入出力は一秒あたり十数ビットに満たないと論じている。意識が利用できる短期的な記憶は、五〜九の固まり（チャンク）に限定されていることは第一章で述べたが、彼は無意識から意識へ至る処理過程で、大量の情報が捨てられて限定された情報のみが意識に上がることを明示した。この情報の削減と限定化は、おもに言語によるコミュニケーションのために必要なのである。言語は一秒間あたりの伝送情報量が、やはり十数ビットに満たないので、情報を効率的に表現し、その伝送チャンネルに載せねばならない。言語に思いをこめるうえでの「もどかしさ」の根源はここにある。言語と意識が共進化して、少ない情報でなんとか内的世界と外的世界のインターフェースをとらねばならないと、たがいに同類で相補的な性質をもったとも考えられる。

すなわち、異質な個体同士の協力行動が進化論的に要請され、協力と競争というジレンマのなかで、

（13）デンマークの研究者、トール・ノーレットランダーシュが著した『ユーザーイリュージョン——意識という幻想』（柴田裕之訳、紀伊国屋書店、原著一九九一年・邦訳二〇〇二年）は、意識の情報論的観点を論じた大著である。なお、一九九八年の英訳版で内容の追加改訂をしているので、それを底本とした邦訳は、九〇年代の研究もかなりカバーした内容となっている。

言語を中心としたコミュニケーションが成立していった。その過程で、意識が中核的な役割を果たすようになったのである。意識は、図11－2のように内的世界と外的世界を媒介し、外的世界に対しては調和的な自己像を演出してコミュニティを形成する一方、内的世界に対しては第九章で述べたように、認知モジュール群を調整する物語を表出して安心を形成している。このように、たえまない環境適応をくり返す遺伝子の戦略として、意識の出現は進化論的に妥当であり、まさに、「意識はコミュニケーションの器官である」とさえ言えるのだ。(14)

まとめ

他者の心の認識を成立させる基盤となる認知モジュールは、四歳あたりの心の発達段階で機能するようになる。人間以外の霊長類には、どうもこのモジュールが備わっていないようである。自閉症患者はこのモジュールに障害があるが、他の形態の高度な知能をしばしば呈する。複雑な社会を形成して役割分担する人間は、コミュニケーションによって協調作業を行うために、他者認識の機能や、男女の役割で相異する認知機能を進化させてきたのだろう。コミュニケーションの場では、自己の利益と社会的利益をつねに調整して適切にふるまわねばならない。そこでは他者から見た自己像が重要になる。意識は社会的自己を演じる、コミュニケーションのための器官である。自己のありさまの多くの部分が意識から隠されていることこそが、意識を主体にした整合的な物語が一貫して制作できる基本的条件となっている。(15)

(14)「器官」とは、生物における「中核的な必要条件」のメタファーである。「肺が呼吸の器官である」といっても、肺が呼吸の十分条件ではないし、肺が呼吸以外に使われないわけではない。現に、血液とその循環システムがなければ、肺だけでは呼吸は機能しないし、水中を泳ぐときに肺は、呼吸でなく浮き袋の役割をする。また、物理的物体でないものを「器官」というのに違和感がある場合には、意識とは、その機能を実現する認知モジュール群であるところの脳の一部分であると、とりあえず見なしてもよい。

(15) 意識の進化論的意義については、ニコラス・ハンフリー『赤を見る——感覚の進化と意識の存在理由』(柴田裕之訳、原著・邦訳二〇〇六年)も見よ。

第一二章　情報ネットワーク社会における意識

――コミュニケーション革命に適応できるか

毛づくろいからゴシップへ

進化論のうえで意識を適切に評価するには、環境とのかねあいを明確にせねばならない。あらゆる生物器官は、その生物が進化してきた環境のもとで意味をなす。前に述べたように、現在の人間の脳が今のかたちになったのは、およそ一万年前と見られている。すなわちわれわれは、一万年前までの狩猟採集民の時代に最適なようにデザインされていると言ってよい。狩猟採集の時代は、まだ農耕が生まれる前であり、小規模な集団内でまれにしかとれない獲物を分けあって食べ、ときにはなわばりをめぐる集団間での戦いをしていたと想像される。コミュニケーションを通して、生き抜くために協力と裏切りのバランスをとり、他者や自己の集団内での位置づけをし、そして次の世代の（遺伝子の）ために配偶者を求めたにちがいない。そのコミュニケーションは、身振りや手振りを加えた対面の発声言語であり、まだ文字はなく、相手はいつでも顔の知れた仲間であっただろう。情報量の少ない言語は、情報量の多い無意識の非言語コミュニケーションに支えられていたのである。意識はこの環境のもとで進化的にデザインされたのだから、われわれが自覚する楽しみも苦しみさえも、この環境を生き抜くように調整（チューニング）された結果と言えよう。

　社会を形成するグレゴリー型生物においては、道具を作る機能が発達し、さらにその成果を言語によって伝達する技術までが形成された。生物の登場と言語が発生した起点を掘り下げて探求すると、興味深い可能性も指摘できる。ロビン・ダンバーによると、言語はサルの毛づくろいの代用として発展したという。サルの毛づくろいは、サル社会の個体関係を確認する儀式として重要な役割を担っている。しかし、毛づくろいは同時に一対一の個体間の社会的関係を確認できるにすぎない。集団が大きくなってくると、もっと効率よく社会的関係を確認する手段、すなわち言語が必要であったのだ。言語による会話であれば、一度に四人（一対三）の個体間の社会的関係を確認できるという。ダンバーは、パーティなどの場における人間行動の例を観察し、密な会話は四名以下で行われ、会話の内容のおよそ七割は、各自の社会的関係を確認する「ゴシップ」であると報告している。また、サル社会が最大でおよそ五〇匹の集団であるのに対し、階層構造を導入しない人間の社会は一五〇人程度の集団であると調査報告し、この事実は、言語によって（毛づくろいよりも）三倍のコミュニケーション効果が上がるからであると結論づけている[1]。

　ここで感情の進化について考えてみよう。陽だまりで泳ぐ魚の楽しみや、ヘビに襲われるトリの恐れや、毛づくろいをしてもらうサルの喜びなどは、断言はできないものの、かなり原始的な感情のように想像できる。それに対して、怒ったり泣いたり笑ったりなどの感情表明は、人間に特有な社会的役割がある。笑いに着目すると、ひとりで笑っている人は気もち悪く見えることから、その社会的性格の高さがうかがえる。言語のゴシップ部分が毛づくろい行為の社会的関係提示機能を代行したとダンバーは推測するが、言語のユーモア部分が毛づくろい行為の社会的関係修復機能を代行したと、さらに推測できる。

われわれはユーモアを耳にすると笑いだすが、その笑いが伝染してその場にいる一同の緊張をやわらげる。毛づくろいの一対一関係よりもはるかに効率がよい。また笑いの発生点を調べると、集団からの離反や、社会的文脈からの逸脱が見られる。われわれは掟破りに敏感なのだが、多少の違反は笑いとばして許してしまう。他者の発言の文脈をとりちがえるとコミュニケーションの深刻な障害をひきおこすが、これも笑いながら仕切りなおしをする。駄洒落がおもしろいのも、思いもかけない文脈解釈の転換をおこすからである。コミュニケーションの障害が緊張を予感させるからこそ、アハッと

(1)　一五〇という数字は、脳内の大脳皮質の存在割合と群れの規模とを多くの霊長類にわたって回帰分析して最初に求まった。ダンバー『ことばの起源――猿の毛づくろい、人のゴシップ』（松浦俊輔・服部清美訳、青土社、原著一九九六年・邦訳一九九八年）の邦訳一〇〇～一一〇ページを参照されたい。なお、言語の進化にかんしては諸説ある。ほかに代表的なところでは、ビッカートンが、叫び声などの原型言語から文法構造が付加されていくという議論を、『ことばの進化論』（筧寿雄訳、勁草書房、原著一九九〇年・邦訳一九九八年）のなかで展開している。一方で、テレンス・ディーコンは、遺伝的要因よりも環境要因を重視する議論を、『ヒトはいかにして人となったか――言語と脳の共進化』（金子隆芳訳、新曜社、原著一九九七年・邦訳一九九九年）のなかで展開している。

いう笑いが自動的に生じるのだろう。感情表現は、集団のコミュニケーションの成立に寄与しながら進化してきたにちがいない。

一五〇人の壁を越える

一万年前以降、農耕が発見されて食料が増え、定住が始まり、人口が爆発的に増えて都市が形成される。われわれは自分自身の手で社会環境を変えたが、自分自身を変えることは容易でなかった。進化にゆだねるには十分な時間がなかったのである。そこで文字を発明し、知識というかたちで、脳の柔軟性を利用した限定的な自己変革を行った。知識の交換が成立したことにより、遺伝子よりも格段に世代が短い、概念情報の進化単位が生まれたと考えられる。

生物学者のリチャード・ドーキンスは、人間社会に浸透し、文化を担っている情報の単位を比喩的に、「ミーム（meme）」と呼んだ。(2) ミームとは、文化風習、科学的知識、工学的デザイン形態、人づきあいの戦略など、私たちが心のなかに記憶し、人から人へ伝え、そして、メディアに記録する情報の要素である。たとえば、「車輪」という形態や、「重いものを運ぶには車輪がよい」というノウハウ、「酒」という嗜好品や、「子どもは酒を飲んではいけない」という規則、さらには『運命』の最初の4音符」まで、あらゆる概念の最小単位がミームであるという。

ミームは、「遺伝子（gene）」と「模倣（mimesis）」などの言葉から作られた造語であり、無理に日本語に訳すと「模伝子」となろう。情報の複製が、そして文化の継承が、人間の模倣活動から発していることから命名された。ミームはウイルスのように、人間の脳やメディアに潜み、情報伝達の機会をとらえて増殖するのである。図書館は最大級のミームのすみかのひとつである。図書館に行って本を開くと、たくさんのミームがわれわれの脳に飛びこんでくるのだ。

ミームの環境への適応性は、われわれがいかにそのミームを多くの人に伝えるかにかかっている。すなわち、ミームの観点からすると、思想の盛衰は、その複製率に依存しているのである。自殺を推奨する思想は、思想を保持する人間を殺してしまうので、維持されない。また、禁欲を促す思想は、その思想をもつ共同体に継承者の子どもが生まれないので維持されにくい。そう考えると、勢いのある思想、今日まで生き残っている思想は、その思想を保持する人間が他の人間を勧誘する仕組み（エンロールメント）を、その思想のうちにもっている思想ということになる。

さて、さきに述べたように、われわれの認知機構は本来、数百人規模のコミュニケーションに対応するようにはデザインされていない。友人が三百人いたら、毎日一人と友情を確認しあっても一年がかりである。集団が大きくなるとコミュニケーションにかかる社会的コストは莫大である。そこで、言語の新たな活用がなされたのだ。ゴシップの働きに加えて、ミームとしての働きをさせたのである。

（2）　ミームについては、初出はドーキンスの前掲『利己的な遺伝子』であるが、前掲『マインズ・アイ』の第一〇章「利己的な遺伝子と利己的な模伝子」や、デネットの前掲『ダーウィンの危険な思想』の第一二章、スーザン・ブラックモア『ミーム・マシーンとしての私』（垂水雄二訳、草思社、原著一九九九年・邦訳二〇〇〇年）などを参照されたい。

ミームを流通させることで、むしろ対面のコミュニケーションを制限したのである。大集団においては、対面コミュニケーションによって培われるべき信頼は、貨幣、法律、教養、権威、ブランドなどの象徴的な記号情報に仮託されたのだ。われわれは、家族や地域社会などの、一五〇人以下の集団では旧来どおりの人間関係構築に努力をはらう。ところが、大集団においては、そのような努力を放棄したのである。かわりに、お金にものをいわせたり、掟を守らせたり、ブランドを誇示したり、メディアの言説を頭から信じたりすることで、集団のメンバーの協力形成を促してきた。あたかも記号情報に普遍的な意味が内在しているかのように扱ったのである。つまり、それによって認知の処理コストを倹約しているのである。ぎゃくに言えば、われわれの認知能力の性質ゆえに、このような苦しまぎれの折衷案しかなかったのである。

ここで再度、記憶について考えてみよう。われわれは情報の出どころを忘れやすい。誰かから「聞いた内容」は覚えていても、「誰から聞いたのか」は忘れてしまうのである。これはおそらく、狩猟採集のコミュニティで「誰から聞いたのか」が重要でなかったからである。一五〇人くらいまでの協力集団では、情報を共有することに大きな利点があるうえに、またその共有化も容易であったにちがいない。すると、誰から聞いても情報の内容や価値は大差ない、という事態になっていたと推測できる。そのために、情報の出どころを記憶する能力があまり有利にならず、進化の過程で身につかなかったのだろう。今日の社会では、信頼性の評価のさいに、情報の出どころがきわめて重要な手がかりになっているが、それをすべて自分で記憶しようとはせずに、ある程度は手帳などの外部の記録に委ねるのがよい。

情報ネットワーク社会の文脈問題

一万年前までにコミュニティと個人の結節点として進化した意識は、ミームを結束力とする大集団と、対面コミュニケーションによる小集団が混在する社会において、大きな歪みを背負うことになった。われわれは、コミュニケーションとその器官である意識について再考しなければならない。ミームとは、概念情報を小さな単位に区切ってとらえる考え方である。しかし、現実の言語が文脈のなかで生きた意味をもつことは、第三章で詳しく述べた。ミームという考え方は生産的な面があるが、文脈を捨象したうえでミームが成立していることを見すごしてはならない。国中を共通の規範で固めて判断する法律も、金額という一次元の尺度で行われる経済活動も、どろどろした状況をなるべく切り離して、透明で明快な制度に仕立てようとして編み出されたのである。

ところが近年、情報ネットワーク技術の進展に伴い、高速に流通する情報が社会のなかで重要な位置を占めてきた。情報ネットワーク社会の到来である。しかし、現在の情報ネットワーク社会では、取引情報の流通が加速されたり、データ記録が高容量化されたりと、実用化されている情報技術のほとんどは象徴的な記号情報にかかわるものであり、小集団のコミュニケーションの促進にはなかなか寄与しない。インターネットや携帯電話が一般化するなかで、情報化の影の部分が注目される理由はこれである。(3) 最近ではむしろ、小集団の内部にも記号情報が流入してきて、旧来の小集団のコミュニケーションがおびやかされてきている。

これまでのメディアでは、記号情報にすべての意味が内在されているかのように扱われてきたので、最近のメディアでもその考えが踏襲されている。たとえば、大規模データベースの構築にそうした傾向が顕著に現れている。(4) 世界中のホームページをリンクで張り合ったWWWは大規模データベースのひとつであるので、それを例にあげて、意味を形成する文脈の問題を考えよう。

WWWにおける文脈とは、各ページの内部に表現された文脈に加えて、階層的な参照形態に存在する。多くのホームページは階層が深くなる（リンクをたどっていく）にしたがって、だんだんと記述内容が詳細化されるように構成され、下位のページに対して上位のページが文脈を形成している。たとえば、長野県のある団体のホームページの下位ページに地域についての記述が書かれ、そのまた下位ページに特産物についての記述が書かれ、そのまた下位ページにリンゴについての記述が書かれるといった具合である。最下位のページにあるリンゴの記述は、その上位のページが形成した、「長野県の特産物である」という文脈のもとで意味あるものとなっている。

WWWではリンクの参照単位がページとなっており、どのページからも、世界中のいずれのホームページに存在するいずれのページも、自由に参照することが可能である。このページ単位の自由度の高い参照が、ときには文脈の破壊をひきおこす。先のリンゴのページ内には、長野県の特産物について述べているという記述がなく、そのページ単独では、そのリンゴが信州リンゴであることさえもわからないといったことがある。こうした場合に、そのリンゴのページだけをとり出すと文脈が破壊され、記述内容の意味の誤解が生じる。たとえば、青森県の記述がなされている他のページから、そのリンゴのページが直接参照されると、リンゴのページは、あたかも青森の特産物である津軽リンゴについて記述しているかのように見える。

世界中から参照可能なホームページ情報は、あらゆる人々が読み手となる可能性をもつ。そのため、ホームページ制作者は読み手の事前知識をあまり期待できず、ホームページ情報はとかく直接的で明瞭な表現になりがちである。ホームページ情報の明瞭さへの要請は、新聞よりもはるかに高い。新聞は確かに多くの人々が読み手となる可能性をもち、それなりに明瞭な表現がなされているが、読み手は基本的にその新聞を毎日読んでいることが想定されている。昨日報道された記事が文脈になって、今日の記事が成立する場合が多いのだ。ところが、ホームページ情報は新聞とちがって、時間的な順序関係がほとんどなく、いわゆる「いちげんさん」が大勢訪れる世界である。事前知識が期待できないからといって、小説のように何十ページにもわたって伏線をはるといった文脈づくりも現実的でない。となると、ホームページ情報の直接的で明瞭な表現は、必然的に文脈性が低く、文化の厚みのな

(3)　情報化の影部分の指摘には、たとえば、シェリー・タークル『接続された心――インターネット時代のアイデンティティ』(日暮雅通訳、早川書房、原著一九九五年・邦訳一九九八年)を見よ。

(4)　筆者は、「記憶と記録と情報文化――記憶指向の情報環境へ」(『情報文化学ハンドブック』第一章、森北出版、一九九九年)で、データベースの文脈問題と対処の方向性を論じている。

い内容とならざるをえない。

情報ネットワーク社会に生きる

コミュニケーションを媒介するメディアでは、メッセージそのものに加え、その状況・文脈などの背景に当たる情報や、情報発信者の信念・欲求・意図などの情報が伝えられる必要がある。これらは、「情報にかんする情報」という意味で「メタ情報」と呼ばれる。われわれは、会話のプロセスで、表情やボディランゲージを通じてこうしたメタ情報を積極的に把握し、メッセージ内容や発話者の意図を理解している。一方で、記号にのみ深く依存するマスコミュニケーションでは、メタ情報が希薄になってしまっている。

ノーレットランダーシュは、膨大な情報が無意識レベルで入力されるものの、意識にのぼる前に処理されてしまうことに注目し、その情報を外情報と呼んだ(5)。メタ情報の多くの部分は、その外情報としてやりとりされてきたので、意識にのぼる明示的情報がおもに対象となる従来のメディアには、あまり盛りこまれていなかったと言えよう。インターネットなどの情報メディアは、いっけん大勢との双方向コミュニケーションができるように思えるが、無意識レベルの非言語コミュニケーションには対応しておらず、そのため誤解を生みやすいのである。ノーレットランダーシュに言わせれば、そうした情報メディアのコミュニケーションは、対面コミュニケーションにくらべて情報量が「少ない」のである。つまり情報メディアが濃密なコミュニケーションを目指すならば、メタ情報の流通を重視したメディアのデザインが望まれるのだ。

メタ情報を伝達するひとつの手段には、メタ情報の言語化があるが、これには大きな問題がある。個人の意図や欲求を明示的に表明することは、さきに交渉ゲームに関連して議論したように、その個人に対してしばしば不利になるので、それを推奨したところであまり実行されない。また、たとえ言語として明示化されたとしても、言語の処理効率ではそもそも、多人数のコミュニケーションへと展開するのが難しい。そこで、メタ情報を扱うメディアでは、言語化以前の、外情報のままのメタ情報を扱うアプローチが期待される。対面コミュニケーションにおいて、われわれは無意識のうちにメタ情報の流れを把握しているが、それが多人数の双方向コミュニケーションに、情報メディアの助けを借りながら拡大できるかどうか、が鍵である。それには、われわれ自身の認知機能を向上させることも必要であろう。

これまでの大集団のコミュニケーションでは、とかくシステム化傾向の認知能力が重視されていたが、双方向コミュニケーションの拡大においては、これまで小集団においてのみ限定して発揮されていた共感傾向の認知能力を効果的に発展させる必要がある。女性的センスなどと呼ばれるものが再度

（5）　外情報 exformation とは、情報 information に対してノーレットランダーシュがつくった造語である（前掲『ユーザーイリュージョン』）。日本では東洋の伝統の影響だろうが、かねてより感性情報 Kansei information という用語で、この外情報にあたる情報を重視してきた。原島博・井口征士の『感性情報学——感じる・楽しむ・創りだす、感性的ヒューマンインタフェース最前線』（工作舎、二〇〇四年）などを参照されたい。

	小集団の コミュニケーション	大集団の コミュニケーション
規　模	150人程まで	数百人以上
歴　史	1万年前までに確立	1万年前以降に発達
手　段	対面による相互交流	記号情報による伝達
情報量	多い （遠くまで伝えにくい）	少ない （メタ情報が希薄）
信　頼	人間におかれる	記号情報に託される
認　知	共感傾向	システム化傾向

表12―1　コミュニケーションの規模による相違

注目されるのである。前章で述べたように、共感は平均して女性が得意とする能力だからである。以上の議論を対照表にまとめると、表12－1のようになろう。

将来の可能性を探る

最後に今後の可能性の糸口を、認知機能の向上とメタ情報のメディア流通に分けて展望してみよう。第一の認知機能の向上について筆者は、ある程度楽観視している。われわれには進化の過程で生まれたものの、その後必要なくなって隠れている能力があり、人間自身さまざまな可能性を秘めているにちがいないからである。(6)

精神科医のオリバー・サックスは、知恵遅れの天才（イディオ・サバン）と呼ばれる双子について、次のような報告をしている。(7)

二人のいるテーブルにあったマッチ箱が床に落ちて、中身が出てしまった。「百十一」と二人は

(6) ニコラス・ハンフリーは進化の途上でハンデを負ったことがかえって次の飛躍的進化を生んだのだと『喪失と獲得――進化心理学からみた心と体』（垂水雄二訳、紀伊国屋書店、原著二〇〇二年・邦訳二〇〇四年）で論じている。

(7) サックス『妻を帽子とまちがえた男』（高見幸郎・金沢泰子訳、晶文社、原著一九九一年・邦訳二〇〇二年）の邦訳三三七～三三八ページからの引用。この本はタイトルからわかるように、カプグラ症候群などの精神疾患を抱えた患者のエピソードを集めている。サックスはほかに『レナードの朝』（これは映画化された）や『火星の人類学者』という同趣旨の本を書いており、どれも興味深い症例が多数掲載されている。

同時にさけんだ。それからジョンが「三十七」とつぶやいた。マイケルもおなじことを言った。ジョンがもう一度おなじことを言った。それで終わりだった。私がマッチの軸をかぞえると――時間がだいぶかかったが――ほんとに百十一本あった。

「どうしてそんなに早くかぞえられるの？」私はたずねた。「かぞえるんじゃないですよ」と二人は言った。「百十一が見えたんです」

「なぜ三十七とつぶやいたの？　なぜそれを三回くり返したの？」と私は二人にたずねた。彼らはそろって同時に言った。「三十七、三十七、三十七で百十一」

この双子たちは、日常的思考が不得手の分、ふつうの人間では想像もつかないような特殊な能力を身につけたと考えられる。この事例をぎゃくにとらえると、みずからの機械的能力の一部をコンピュータに肩代わりさせたら、われわれに人間的で高度なコミュニケーション能力が開花するようになってもおかしくない。

また、幻肢の研究者であるヴィラヤヌル・ラマチャンドランは、腕が失われた患者の頬を刺激すると、その腕の幻肢に刺激を感じる事例を報告している。大脳皮質の感覚野の腕にあたる部分に、頬の部分の信号が浸出しているのである。脳の神経回路はいったん成人するともう融通がきかないと、以前は言われていたが、それをくつがえす研究がつぎつぎと報告されている。さらにラマチャンドランは、人間が記号に意味を見いだせる能力は、音や数字に色がついて見える「共感覚」の現象がきっかけになって進化したのではないかと主張している。(8) そうであるならば、たとえば、情報の出どころや信頼性などのメタ情報を、笑いや楽しみといった感情にマッピングすることで、認知機能の向上の可能性が見いだせるのではなかろうか。

第二に、メタ情報の流通メディアについて、メタ情報のひとつとして「信頼」をとりあげながら考えてみよう。記号情報の信頼性は、警察によって法律違反を摘発したり、政府によって為替変動を緩和したり、アフターサービスによって商品イメージを維持したりといった、信頼性の確保のための努力によって支えられている。その一方で、一五〇人以下の小集団では、対面コミュニケーションに伴う外情報によって信頼が形成されている。そうした人間関係で成立しているコミュニティを、一五〇人を越えた人間関係へと拡大するのは、個々人の信頼性などのメタ情報をいかに交換できるかにかかっている。(9)

たとえば、従来からなされてきた、信頼できる友人によって信頼できる友人を紹介してもらうという仲介を、情報メディアによって加速してみてはどうだろうか。携帯電話における友人登録情報を利用した仲介サービスなども期待できる。まずはこうした対面コミュニケーションの効率化からヒント

(8)　共感覚などのラマチャンドランの研究には『脳のなかの幽霊、ふたたび——見えてきた心のしくみ』(山下篤子訳、角川書店、原著二〇〇三年・邦訳二〇〇五年)を参照されたい。

(9)　日本人の場合は組織が先行した安心社会を形成する傾向があり、見知らぬ他人と信頼関係を形成する能力が養われない傾向があるので、とくに努力が必要である。山岸俊男『信頼の構造』(東京大学出版会、一九九八年)を見よ。

が得られるだろう。そして、対面で収集されたメタ情報をコンピュータでアシストさせてみる。可視化技術や、仮想現実技術などが応用できるだろう。コンピュータの画面や仮想空間に配置した、大勢の信頼関係のネットワークを理解する「大局観」が、やがて培われるかもしれない。

そうした信頼ネットワークが成立したならば、そのコミュニティに接続した個人は、孤立した個人を越えてコミュニティの価値を見いだすだろう。これまでの記号に誘導された国家や宗教への依存とは異なった、ネットワークコミュニティへの帰属である。世界じゅうの人々は、おのおの信頼できる友人を多くとも六人経由すればほとんどカバーできるという。世界はそれくらい「狭い」のだから、ネットワークコミュニティの潜在的パワーはかなり大きい(10)。

もしネットワークコミュニティの理想が実現されれば、多くの人間同士の結びつきが強まり、さきに述べた「心が広がっている」という感覚も違和感なく受け入れられるのかもしれない。また、「個人が所有する」という概念の意義が希薄になって、これまで社会的な問題を発生させつづけてきた「なわばり」の意識も緩和される時代になるかもしれない。さらにことによると、心や意識にまつわる現在の疑問が形を変えたり、解消してしまったりするかもしれない。心を構成したい、意識を解明したいという欲求は、今の時代に特有な現象であることが、次の時代になってふり返ると明らかになる、そうした可能性が見え隠れしている。

まとめ

五〇匹前後のサルの群れが、毛づくろいによって社会的関係を確認しあっていたとすると、一万年前の狩猟採集の時代に人間は、一五〇人前後の小集団を形成して、ゴシップで社会的関係を確認していたと考えられる。本来ゴシップ向きであった言語は、一五〇人程度までの密なコミュニケーションに特化して進化上デザインされているにちがいない。言いかえれば、われわれの意識は小集団向きなのである。数百人以上の集団では、やむなく象徴的記号情報に信頼を仮託し、社会形成の求心力としているのだ。ところが、その記号情報は、文脈性がそぎ落とされた希薄な情報であり、情報ネットワークの登場がその情報の流通速度を上げたところで、われわれの意識は容易には対応できない。情報ネットワーク社会においてもっとも期待されるのは、数百人以上の濃密なコミュニケーションを実現するネットワークコミュニティの形成であるが、それには言語化されない情報にこめられているメタ情報の扱いが鍵になる。われわれには、情報メディアの助けを借りながらメタ情報の認知能力を向上させ、新世代の意識のあり方を選択する道がひらけている。

(10)　人間のつながりとしてのネットワークについて、たとえばアルバート＝ラズロ・バラバシが『新ネットワーク思考――世界のしくみを読み解く』(青木薫訳、ＮＨＫ出版、原著・邦訳とも二〇〇二年)で、ダンカン・ワッツが『スモールワールド・ネットワーク――世界を知るための新科学的思考法』(辻竜平・友知政樹訳、阪急コミュニケーションズ、原著二〇〇三年・邦訳二〇〇四年)で考察している。

あとがき

私の研究室の書架には、「知識と認知のソフトウェア」と題した雑誌『数理科学』の別冊（サイエンス社、一九八五年）がある。二〇年の歳月でページの四隅はすっかり赤茶けてしまったこの本は、私を認知科学にいざなった、忘れることのできない本である。内容は、二二人の著者によって『数理科学』に連載されていた記事をまとめたものであるが、全体として、認知科学や人工知能の将来がいかに有望であるかを語っていた。私がとくに興味をひかれたのは、一五ページの次のくだりである。

人間の知的能力の主体は「記号操作能力」であろう。それが有限種の記号で近似できるものであれば、それは論理であるいはコンピュータで表現できるであろう。この前提が大脳生理学的に実証されるのは遠い未来かもしれないが、傍証はすでに存在する。分子生物学における遺伝情報の解明がある。生命の根源には、極めて記号的な情報構造が実在しているのである。人間を記号処理機械と見ることは、コンピュータ科学の研究者にとってはむしろ自然である。

この記事を書いた淵一博は、当時の通商産業省がおしすすめる国家プロジェクトである第五世代コンピュータプロジェクトの研究所長であった。そして、本の最終章「人間の心と新世代コンピュータ」では、開始間もない第五世代コンピュータプロジェクトのホットな成果が紹介されていた。人間や心の探究を行うためにはまず物理学から始めなければと、大学・大学院で生物物理学・心理物理学を学んだものの、アプローチする手段がつかめず、電気メーカーでコンピュータ映像システムの開発をしていた私にとって、この別冊本の内容は衝撃的であった。これこそ私が求めていた研究方法だというわけである。幸運なことに、所属する電気メーカーが第五世代コンピュータプロジェクトに参画していたので、すぐに異動を願い出た。(社内にプロジェクト参画部署があるのに、なぜ一般向けの本で読むまで気づかなかったのかと不思議に思われるかもしれないが、なにしろ数万人規模の会社でどの部署が何をしているかとても把握できなかったのである。)

しばらく社内の第五世代コンピュータ対応プロジェクトで、エキスパートシステムやニューラルネットワークの研究開発を行っていたが、一九八九年より念願の淵所長のもとで仕事をするようになった。そのころプロジェクトはもう七年が経過し、一〇年計画の最終第三期に入っていた。一年ほど仕事をすると、「人間を記号処理機械と見ること」に無理があるというのが、すでに大方の認識であることがわかった。私の興味は、そうであるならば機械の限界はなんなのだろうか、人間は機械でないとするとどのような存在なのだろうか、といった点に向けられた。そういった研究にも、最適な仕事場であった。

プロジェクトは、論理型言語のプロローグをベースにした言語を並列処理できる並列推論マシンが動き出し、佳境に入ってきた。性能実証のための実用的な応用課題として遺伝子情報処理が選定され、生物学の素養がある私がチームリーダーを務めることとなった（一〇年計画は実証のために三年間延長され、結局一九九五年まで続いた）。生物進化のシミュレーション（遺伝的アルゴリズム）を、実際の遺伝子データを使って並列推論マシンで計算させるという、願ってもない研究環境であった。その過程で生物学者との交流も多くあり、私自身、生物進化の歴史をふまえた人間観が養われたのだろうと考えている。

本書の随所でこのころの経験が反映されていることが、読者も読みとれたのではないかと思う。貴重な経験の場を提供していただいた、当時の淵所長をはじめとして、第五世代コンピュータプロジェクトに直接的・間接的にかかわった皆様方に深く感謝したい（本当はお一人ずつ具体的にお礼を述べたいところではあるが）。並列推論マシンは残念ながら市場で売られることはなかったが、その研究開発に従事した多くの人々は、その経験をいかして次の製品やシステムの開発を行っている。また全国各地の大学や研究機関で活躍している関係者も数多い。その意味で、第五世代コンピュータプロジェクトは大きな成功をおさめたと言えよう。

＊＊＊

本書では、分野横断的に研究成果やトピックをとりあげて「編集」することによって、人間や心にかんする情報学的研究が結実していく様子を描こうと心がけた。そのため、必ずしも私自身の考え方がこれこれと明示されておらず、読者がどこまでが総意の得られた結論であり、どこからが筆者の推測であるのか区別しづらい懸念がある。そもそも研究の最先端では、研究分野の総意と研究者の個人的推測は、どちらも流動的であるので、区別自体が難しいのである。しかし、ここで少しでもその点を整理して、私自身の認識を披露しておくことには、一定の意義があると思う。

本書では第一に、創造的な現象を機械論的にモデル化する場合、一様に計算量の問題が伴うとしている。ここで現れるモデルは大きく三種があり、それぞれ①論理的な記号計算のモデル、②神経回路網の学習モデル、③遺伝子の進化モデルである。私は、三つとも深刻な計算量の問題をかかえていると認識している。しかし、研究分野の総意としては、①においては深刻な問題と受けとられているが、②においては問題は認識されているものの深刻にはとらえられていない。③においては問題自体が十分知られていない。私には、研究者があえて触れないようにしているとさえ思える。おそらく、進化理論と神による創造論（現代風に言うと「インテリジェント・デザイン」論）の間の宗教的論争が、健全な研究を阻害しているのだろう。もし現在の進化理論に問題があると指摘すると、とたんに創造論の肩をもつ者と見られかねない、そういう社会的圧力があるようだ。

第二に、計算量の問題は、量子理論の応用によって解決される可能性があり、人間の大局観や生物の飛躍的な進化は、それによって説明されるかもしれない、としている。これは、ペンローズやマクファデンらが主張するところであるが、現在ではまだ私を含めた少数の研究者の個人的推測である。量子コンピュータがまだ実用化までは遠い道のりなので、現在の認知科学者は量子理論にあまり興味をもっていないし、かたや物理学者も、生物体のような複雑な物理系が量子の重合せ状態になる理論的・実験的見通しが立っていない現状では、議論をさし控えている段階である。物理学のさらなる発展を期待したい。

第三に、世界から切り離された存在から、世界と一体になった存在へと、人間や心のとらえ方が転換したとしている。この傾向は、一九九〇年以降、認知科学、社会心理学、心の哲学などの各研究分野で顕著である。しかし、ここでの「世界」とは、ときには社会までもが含まれるものの、基本的に「物の世界」であるため、議論が「唯物論」へとひき寄せられ、「心の世界」が消去される動きがかいま見える。やはりそれは、われわれが満足できる方向ではないように思う。本書では明示していないが、私は量子理論の着想で「物の世界」の奇妙さを暴き、そこにわれわれが素朴に想定する「心の世界」の余地を見いだす方向性に期待を寄せている。いわば、「物心二元論に見える物心一元論」の構想であるが、他の機会にあらためて論じたい。

第四に、意識は、コミュニケーションにおける他者と自己の仲介であるとしている。類似の指摘はこれまでにもなくはないが、[1] 外的世界に対する役割の演出と、内的世界に対する物語の表出をあわせ

(1) たとえば、ジョージ・ハーバート・ミード『社会的自我』(船津衛・徳川直人編訳、恒星社厚生閣、一九九一年)や、梶田叡一編著『自己意識の発達心理学』(金子書房、一九八九年)を見よ。

て考え、さらに進化の文脈において整理している点では、私の独自の議論と考えている。しかし、かりに私の議論が正しくても、それで意識がすべて説明されたわけではない。意識の特性のうち、たとえばクオリアについては説明されていない。それから、本書の説明は生態学的説明であって因果的説明ではないから、不満を感じる読者も多いかもしれない。クオリアについても、グレゴリーが、内的世界に埋没しないように外的世界の「いまここ」を指し示すための機能であると、生態学的説明を提唱しているが、なぜ脳からクオリアが発生するのかと因果的説明を要求すると、とたんに難問となるのである。ただ、それは果たして「解決すべき問題」なのだろうかという点に、私は疑問がある。

そして最後に、誤解はないと思うが、最終章の後半の記述は、本書の議論の流れから合理的に（ときには強引に）ひき出した推測である。そこに書かれたものから読者が生産的な何かを得ることを願っている。もしそれが得られたならば、読者と私の共働作業の成果として評価していただきたい。

なお、本書の内容は、新規に企画構成し書きおろしたものであるが、私が執筆した次の著書や論文の内容を一部使用しているので、付記しておく。

- 『人間と情報――情報社会を生き抜くために』（培風館、一九九九年）
- 「生物進化と人工知能設計における構造の役割」（『明治大学教養論集』第三一八号、一～二八ページ、一九九九年）
- 「構成論的心理学考――心の科学の臨床的視座」（『明治大学教養論集』第三二七号、五九～七九ペ

ージ、二〇〇〇年）
・「認知科学――心の哲学へ至る潮流」（『明治大学図書館紀要「図書の譜」』第五号、七二～八〇ページ、二〇〇一年）
・「進化情報学――遺伝子からミームへ」（『明治大学教養論集』第三五〇号、五三～七八ページ、二〇〇二年）
・「コミュニケーション器官としての意識」（『情報コミュニケーション学研究』第一号、明治大学情報コミュニケーション学研究所、二一八～二三六ページ、二〇〇五年）

最後になったが、勁草書房の土井美智子さんには、編集担当として原稿をこくめいに読んでいただき、数々の有益な指摘をちょうだいした。また、印税を辞退するから学生が購入しやすいように極力販売価格を抑えて欲しいという、私の無理な要求を受け入れ、最大限の努力をしていただいた。あらためてお礼を申し上げる。

二〇〇六年一月三日

石川幹人

索　引

カ　行

サ　行

タ　行

ワ　行

著者略歴

1959年　東京都に生まれる
1982年　東京工業大学理学部応用物理学科卒
同大学院物理情報工学専攻、松下電器産業（株）マルチメディアシステム研究所、（財）新世代コンピュータ技術開発機構研究所、明治大学文学部などを経て
現　在　明治大学情報コミュニケーション学部教授　博士（工学）
主　著　『だまされ上手が生き残る』（単著、光文社新書）
『入門・マインドサイエンスの思想』（共編著、新曜社）
『心とは何か』（共編著、北大路書房）ほか
訳　書　『意識の〈神秘〉は解明できるか』（共訳、青土社）ほか
主論文　「組織化される現実」（『現代思想』32-1号）ほか
ホームページ　http://www.isc.meiji.ac.jp/~ishikawa/

心と認知の情報学
ロボットをつくる・人間を知る　　シリーズ認知と文化5

2006年4月10日　第1版第1刷発行
2010年9月15日　第1版第4刷発行

著者　石《いし》川《かわ》幹《まさ》人《と》
発行者　井村寿人

発行所　株式会社　勁《けい》草《そう》書房

112-0005 東京都文京区水道2-1-1　振替 00150-2-175253
（編集）電話 03-3815-5277／FAX 03-3814-6968
（営業）電話 03-3814-6861／FAX 03-3814-6854
法令印刷・青木製本

ISBN 978-4-326-19941-9　Printed in Japan

■シリーズ認知と文化　最先端の知見をわかりやすく伝える

- K・ダンジガー　河野哲也監訳　心を名づけること　心理学の社会的構成　上・下　四六判　上三〇四五円　下三一五〇円
- 中込和幸・高沢悟・工藤紀子　メンタルクリニックの脳科学　四六判　三一五〇円
- M・トマセロ　大堀・中澤他訳　心とことばの起源を探る　文化と認知　四六判　三五七〇円
- 内田亮子　人類はどのように進化したか　生物人類学の現在　四六判　二九四〇円
- M・C・コーバリス　大久保街亜訳　言葉は身振りから進化した　進化心理学が探る言語の起源　四六判　三八八五円

- 信原幸弘編　シリーズ心の哲学Ⅰ　人間篇　四六判　二九四〇円
- 信原幸弘編　シリーズ心の哲学Ⅱ　ロボット篇　四六判　二九四〇円
- 信原幸弘編　シリーズ心の哲学Ⅲ　翻訳篇　四六判　二九四〇円

- T・クレイン　植原亮訳　心の哲学　心を形づくるもの　A5判　三三六〇円
- 太田雅子　心のありか　心身問題の哲学入門　四六判　二六二五円
- 横澤一彦　視覚科学　A5判　三一五〇円

＊表示価格は二〇一〇年九月現在。消費税は含まれております。